日米比較を
通して考える
これからの
生徒指導

なぜ日本の教師は
生徒指導で疲弊してしまうのか

片山紀子・藤平 敦・宮古紀宏

Ｇ学事出版

はじめに

　本書は，日本とアメリカ合衆国（以下，アメリカ）の生徒指導を比較しながら，これからの生徒指導を考えるためのものです。アメリカ教育を研究している藤平敦，宮古紀宏，そして片山紀子の3名で執筆しました。われわれは，アメリカを研究対象としていますが，アメリカの教育制度が素晴らしいということを示したいがために，あるいはそれをそのままわが国に取り入れたほうがよいという提案をしたいがために，ここに集まったわけではありません。アメリカの生徒指導を参照にしつつ，疲弊して止まないわが国の生徒指導を見直したい，というのが真意です。

　アメリカはご承知のとおり，人種や文化，宗教を含め，実に多様な国であり，わが国とは歴史や文化など，背景が大きく異なります。本書ではアメリカを取り上げましたが，本来はアメリカに限らず，オランダでもフィンランドでもスウェーデンでも，幅広く取り上げ比較したらよいと思っています。

　ただし，どの国であっても背景が異なり，いくら素晴らしいと思ってもそれをそのままそっくり移入することはできません。諸外国の生徒指導に関する知見を深めつつ，それをヒントにしながら，わが国の子どもにとってよりよい教育環境になるように，また教育実践に直接携わる教職員にとってよりよい職場環境となるように，みなで議論したらよいのです。

　アメリカでは，1969年以来毎年実施されてきたギャラップ教育世論調査で，「公立学校が直面している最大の問題」に，規律の問題が常に上位にランクされ，規律の維持に苦悩し続けてきました。現在，落ち着いた学校が多いことも事実ですが，銃乱射事件に代表されるようなセンセーショナルな事件が発生することもあり，規律の維持は依然関心の高いテーマとなっています。

　アメリカには，そもそもキリスト教を基盤とする懲罰的な文化が横たわっていることに加え，Barton等が言うように「無秩序は単に無秩序な子どもだけに

とってのものではなく，教えることから教師が気を逸らされるため，全ての生徒の学習環境を蝕むことにつながる。学校の秩序は学力と深く結び付いており，規律政策は脇に置いておくような小さなことではない。しっかりとした規律政策は学力向上のための前提条件である」という認識が根強くあります。

　一方，わが国の生徒指導には，優れた面もたくさんありますが，気になる面もあります。せっかく教職課程を履修し，教員になりたくて大学に入ったにもかかわらず，職業としての教員を敬遠する学生の存在です。「先生になろうと思っていたのですが，自分には，あんなにあれもこれもとたくさんのことを，現場でやれそうにはありません。特に生徒指導が（多すぎる）……。今は，教職ではない進路を探しています」などという言葉を聞いて，がっかりすることもあります。

　これまで TALIS（OECD 国際教員指導環境調査）等で明らかにされてきたことは，わが国では諸外国に比べ，教員の仕事の範囲が広く，しかも勤務時間が長いということです。授業外の仕事が多ければ，当然，教員は疲れてくるでしょう。こうした状況が続けば，これから職を選択しようとする先のような若者にとって，教職という仕事が魅力的ではない職に見えても仕方がありません。

　わが国の学校の特徴として，近年アメリカに見るような多文化主義の色合いが増していることが挙げられます。具体的な動きの一つに，2018年12月には「出入国管理及び難民認定法」が改正され，外国人労働者の受け入れを拡大する新たな在留資格「特定技能」が創設されるなどしました。このため今後はさらに外国人児童生徒が一層増えることが予測され，多様化がより進むものと思われます。

　また，2013（H25）年に成立し，2016（H28）年より施行されている略称「障害者差別解消法」（正式名称「障害を理由とする差別の解消の推進に関する法律」）によって，「個人に必要とされる合理的配慮が提供されること」が子どもにも求められるようになりました。多様な子どもが教室にいることを，特別支援に携わる特定の者だけでなく，全ての教職員が当たり前に意識し，対応していかなくてはならない時代になったのです。

上記以外にも，教職員や子ども，保護者，社会も含めて，以前とはそのあり方や価値観等，大きく変容しています。時間と手間を惜しまずに行い続けてきた生徒指導は，わが国の学校が誇ってよい部分であり，そのよさは十分に理解できますがその一方で，これまで「子どものために」を合言葉にした，当たり前だとされてきた生徒指導はこのままでよいのか，枠組みを見直してみる必要があるのではないか，と考えるようにもなりました。

　教員のエネルギーは無限ではありません。にもかかわらず，教員が本来エネルギーを注ぐべき核心部分の周りにある仕事が肥大化し，かなり広範囲までカバーしなくてはならないようになっています。肥大化し続ける周辺部分の仕事のために，本来，エネルギーが注がれなくてはならない核心部分の仕事を疎かにせざるを得なくなっているのです。

　本書をお読みいただく読者の皆さんには，読み進める上で，ご理解いただきたい点があります。アメリカでは教育の権限の多くが州に委譲されていることから，それぞれの州で，さらにはそれぞれの市で教育制度や施策がかなり違っています。わが国のように文部科学省を頂点とした一極集中型のシステムとは異なりますから，本書で記載されていることも，別の州ではあるいは別の市では違うことも十分にあり得ます。その点だけ気をつけて読んでいただけると，混乱が生じにくいのではないかと思います。

　本書が，教育委員会や学校の先生方にとって，これからの生徒指導施策を考えていくための一助となれば幸いです。

2021年春　片山紀子

引用・参考文献
・松尾知明『「移民時代」の多文化共生論』明石書店，2020年。
・宮口幸治『ケーキの切れない非行少年たち』新潮社，2019年。
・Barton,Paul E., Coley, Richard J.& Wenglinsky, Harold, *Order in the Classroom. Violence, Discipline and Student Achievement,*. ETS Policy Information Center, 1998, p.18.

目 次

3 どんな予防が必要なのか 47

4 規則や懲戒制度はどう変化しているのか 67

1 | わが国の 生徒指導に見る問題点

1. 多様性が当たり前になってきた？

　近年の生徒指導を象徴するキーワードは，何でしょうか。それは，ひと言で言えば，多様性（ダイバーシティ）です。学校では，その多様性を受容しようという機運も増していますし，一方では多様性を受容せざるを得ない状況にも追い込まれています。

　具体的には，2018（H30）年12月に「出入国管理及び難民認定法」が改正されたため，今後はさらに外国人児童生徒が増え，教室はなお一層多様な人種から構成されるようになるでしょう。そうした外国にルーツをもつ子どもだけでなく，障害をもつ子どもや不登校を選択する子ども，LGBT（レズビアン・ゲイ・バイセクシュアル・トランスジェンダー）に関係する子どもなど，以前はさほど意識されなかった子どもたちについて言及されることが多くなり，多様性が表面化してきました。そもそも子ども一人一人に違いがあり，それぞれが多様であることは自明のことなのですが，近年はそのことを社会一般が真正面から認めるようになりました。

　子どもへ向けた視線は急激に，また着実に変化しています。特に，障害をもった子どもに対する視線は著しく変わりました。2013（H25）年には略称「障害者差別解消法」（正式名称：障害を理由とする差別の解消の推進に関する法律）が成立し，2016（H28）年より施行されるようになりました。背景には，2006（H18）年に国連で「障害者権利条約」が成立したことがあります。これにより，障害をもった子どもへの合理的配慮（障害のある人が障害のない人と平等に人権を享受できるよう，それ

ぞれの特徴に応じて生じる特定の場面において必要とされる変更や調整のこと）が学校にも求められるようになりました。

　不登校の子どもへの視線も変わってきました。文部科学省は，2016（H28）年9月14日「不登校児童生徒への支援の在り方について（通知）」を出し，不登校を問題行動と判断してはならないことに初めてふれ，さらには支援の視点として「不登校児童生徒への支援は，『学校に登校する』という結果のみを目標にするのではなく，児童生徒が自らの進路を主体的に捉えて，社会的に自立することを目指す必要があること」を示し，学校復帰のみを目的としないことを公に通知しました（2019年にはさらに新しい通知が出されている）。

　さらに法制度も整備され，2016（H28）年12月に略称「普通教育機会確保法（正式名称：義務教育の段階における普通教育に相当する教育の機会の確保等に関する法律）」が成立し，翌2017（H29）年2月から施行されるようになりました。これらによって，不登校の子どもが無理に学校復帰する必要がないことやフリースクールなど学校外の多様な施設で学ぶことも尊重されるなど，不登校政策はこれまでと大きく異なる方向に舵が切られました。

　さらに，LGBTに関係する子どもへの視線も変わりました。文部科学省は2015（H27）年4月30日，「性同一性障害に係る児童生徒に対するきめ細かな対応の実施等について」を通知し，性同一性障害に関係する子どもに個別の支援を行うなど，学校にもきめ細かな対応が求められるようになりました。背景には，LGBTに関係する子どもに，性同一性障害に起因するいじめが生じていたことなどもありますが，子どもの性的指向に関することに国が介入することなどこれまでなかったことを考えれば，画期的なことだといえます。

　これらに加えて，いじめに対する視線も深いところで変化してきています。いじめによる子どもの自死が跡を絶たないことから，2013（H25）年に「いじめ防止対策推進法」が成立しました。これにより，いじめを防止することが，学校や自治体，保護者に義務づけられただけでなく，いじめが原因で不登校や自死に至った場合，いじめ重大事態事案として取り扱われ，第三者による調査が行われることも学校現場では一般化しました。

以上見てきたように，外国にルーツをもつ子どもや障害のある子ども，不登校の子ども，LGBTの子どもへの視線に加え，いじめ等をめぐっても子どもへの視線が変わってきたわけですが，特筆すべきことはそれらが単独に生じているのではなく，合わさって一つの大きなうねりとなっているということです。では，このような大きなうねりが学校にもたらされたのは，いったいなぜなのでしょうか。

2. 学校は新しい局面に入った？

　大きなうねりが学校にもたらされたのは，簡潔に言うと，社会全般において人権意識が高まり，それが子どもにも適用されるようになってきたからだと思います（図1参照）。人権がより一層重視されるようになり，一般社会でもハラスメントに対する視線が厳しくなっています。

　そのうねりは「児童虐待防止法（正式名称：児童虐待の防止等に関する法律）」にも如実に現れており，2020（R2）年4月より施行の法改正では，親権者による体罰が禁止されるようになりました。家庭での体罰が禁じられたのは，諸外国に比べれば遅きに失した感もありますが，子どもに対する人権意識が強く求められるようになり，家庭における体罰についても，わが国では大きく潮目が変わったことになります。

　教育に直接関係しないとは言え，「出入国管理及び難民認定法」が改正され，外国人労働者の受け入れを拡大する新たな在留資格「特定技能」が創設されたことによって，今後は外国人児童生徒が増え，多様化が一層進むことが予測されています。画一的であることが一つの特徴となっていたわが国の教室は，これからますます多様な子どもを迎えることになります。わが国は「児童（子ども）の権利条約」や「人種差別撤廃条約」をそれぞれ1994（H6）年，1995（H7）年に批准しており，こうした外国人児童生徒の教育を受ける権利に応じることがさらに求められるようになるでしょう。

　歴史をたどれば，1980年代半ば，中曽根内閣のもと，首相直属の臨時教育審

図1

当たり前になってきた多様性

- ◦ 外国にルーツをもつ子ども
- ◦ 障害をもつ子ども
- ◦ 不登校を選択する子ども
- ◦ LGBT に関わる子どもなど

- ・普通教育機会確保法
- ・障害者差別解消法
- ・いじめ防止対策推進法
- ・児童虐待防止法
- ・出入国管理及び難民認定法
- ・性同一性障害に係る児童生徒に対する
  きめ細やかな対応の実施について（通知）

図1

議会の答申で「個性重視の原則」が打ち出され，それ以降，子どもの「個性」という文字が随所に登場するようになりました。その後の不登校の増加は，「個性」尊重の流れと無関係ではないでしょう。それに加え，近年は人権意識が高まったこともあり，不登校は広義には個性の一つとして，より一層受容されやすくなっています。

　にもかかわらず，生徒指導の枠組みはまだ追いついておらず，旧態依然としたままです。筆者（片山）はこの頃，現場の生徒指導主事から，生徒指導に戸惑っているという声を聞くようになりました。「発達障害を含め，いろいろな障害のある子どもが多くなって，生徒指導に迷うようになりました。自信がないんです」「指導していても家庭の貧困が影響していることが見て取れ，保護者の協力も仰ぎにくい家庭があります。どう生徒指導したらよいのかわからなくなってきました」，そんな戸惑いや嘆きの声があちこちから聞こえてきます。これまで生徒指導が大変だという声はよく耳にしましたが，こうした声は，以前の生徒指導主事からは聞こえませんでした。生徒指導の中核を担う生徒指導主事が自信を失いかけているのです。

　生徒指導体制は果たして，このままでよいのでしょうか。これまでは，問題傾向にある子どもに，普通の子どもと同じように行動することを求める，同化主義的な側面が強い生徒指導でした。しかし，そうした体制ではもう限界にき

ているのではないでしょうか。すでに多様な人々の共存・共生を目指す，多文化社会の時代に入っていますから，価値観を含めてそれぞれに異なる子どもの存在を認めるにはどうしたらよいのかを考えるべきでしょう。

学校という空間の中で，その子どもがマジョリティ（多数派）なのか，あるいはマイノリティ（少数派）なのかといったことを問わず，いかに共存・共生することができるのかを考えて支援する，そうした生徒指導へとスタンスを変える必要があるように思います。

冷静に考えてみれば，「日本国憲法」第二十六条第二項によって，保護者に就学義務があるわけですから，学校はそもそも多様な子どもを受容する多文化主義的立場に立たなければならなかったはずです。生徒指導は，今こそ新しい局面への突入に対して，覚悟を決め，勇気をもってスタンスを変える必要があります。

ただし，先に述べたように，現場はこうした変化に追いついていません。子どもも教員も以下のような困りを抱えながら，生徒指導を行っているのが現状です。

3. 不登校の子どもの選択肢は少ない？

不登校としてカウントされる子どもは，文部科学省の調査（2018年度）において，小中学校で約16万人を超え，さらに高等学校で5万人を超えるなど高止まりで，減る兆しはみえません。

先に見たように不登校の捉え方は大きく変わりました。2016（H28）年および2019（R元）年の「不登校児童生徒への支援の在り方について（通知）」には，支援の視点として「『学校に登校する』という結果のみを目標にするのではなく，児童生徒が自らの進路を主体的に捉えて，社会的に自立することを目指す必要があること」とあります。つまり，学校復帰のみは目指していないのです。

今，小学校から高等学校段階まで合計すれば21万人を超える不登校の子どもがいます。そのニーズの高さを考えると，公的機関が用意した教育支援セン

ター（適応指導教室：2018年度で全国に1,449カ所）や，東京シューレ葛飾中学校・京都の洛風中学校といった教育課程特例校（不登校特例校：2020年9月1日時点で全国に公立7校・私立9校で計16校），民間のフリースクール等ありますが，まだまだ子どもの困りに応えているとはとてもいえません。

　不登校の子どもが増えているということは，通常の学校では合わない子どもが増えているということです。そして，それが異常なことではなく，ごく普通のことになってきたということです。

　「日本国憲法」第二十六条および「教育基本法」第五条では，保護者に就学の義務が課されています。そうであれば，通常の学校に疲れた子どもがしばらく休養するにはどういった空間がいるのか，通常の学校では合わない子どもも通える学校をどのように用意すればよいのか，一定程度自分を取り戻すことができた子どもに対してどういった教育を提供したらよいのか，人と関わる時間を短い時間であれもつようにするにはどのような仕組みが必要となるのか，これらについて知恵を絞って議論する必要があるでしょう。安心して学べる多様な場所や空間を公的に用意するのは大人の責任だといえます。

4. ブラック校則が子どもを苦しめる？

　近年は，ブラック校則が問題となりましたが，わが国では厳しすぎる，理不尽である，あるいは無意味である，そんな規則が多いと言われています。理不尽な規則については，筆者の授業でも受講生からよく声が挙がります。

　そこで，「小中高の時代に理不尽だと思った校則や指導はありましたか？どの時期であったのかを示した上で，具体的にどのような規則や指導だったのか教えてください」と記述式で調査してみました。すると，次のような回答がありました。

> 「中学の時も高校の時もですが，なぜ決められた靴下でなければいけなかったのでしょうか。靴下ごときで成績が落ちるわけでもないし，わざわざ学校の販売でしか買え

ないのでめんどうでいやでした」

「中学校でも高校でも校則に，制服の一番上がセーターやベストになってはいけない，というものがありました。つまり正しい制服の着方としては，上の服はカッターシャツだけか，ベストかセーターの上にブレザーを着るかの二択でした。この着方しかないので温度調節が難しかった記憶があります。先生にどうしてそんな校則になっているのかを尋ねても，明確な答えは返ってきませんでした」

　上記の意見からは，校則に意味が見出せなかったことに加え，その規則によって彼らが困っていたことやもやもやしながら学校生活を送っていたことがわかります。

　一方，近年では学校での規則を思い切ってなくす学校も出てきました。例えば，映画「みんなの学校」で知られる大阪市立大空小学校もその一つです。この学校の決まりごとは「自分がされて嫌なことは，人にしない，言わない」です。もし，それに違反してしまった場合は，自ら「やり直しをします」と言って校長先生のところに行って，反省をします。

　また，著書『校則なくした中学校 たったひとつの校長ルール：定期テストも制服も，いじめも不登校もない！笑顔あふれる学び舎はこうしてつくられた』で知られる東京都世田谷区立桜丘中学校も，大空小学校と少し似ているかもしれません。

　この学校では，校則ではなく，心得を文章化し，それに基づく指導をしています。ちなみに，桜丘中学校の心得とは，①礼儀を大切にする，②出会いを大切にする，③自分を大切にする，の三つです。

　一般論になりますが，規則を全てなくすにはいくつかの条件が必要になるように思います。例えば，学校選択制などある程度本人の意思のもとで学校を選択して入学できることや，ボランティア等が入り込むなどして大人の目が行き届いていること，教員全体に指導の方向性について共通理解ができていること，保護者がそれを受け入れていること，法的対応や懲戒を毅然と行う体制になっていること，といったいくつかの条件を満たしていることです。したがって，全ての校則をなくすということはなかなか難しいかもしれません。

そもそも規則とは，子どもを縛るためのものではなく，お互いに安全で気持ちよく学校生活を過ごすためのものであって，交通規則で言えば，車がお互いにぶつからないように左側通行をするといったものです。もし，そうした規則がなければ事故が多発してしまい，危険過ぎて車を運転することができないはずです。多人数の子どもが集まる学校は，それぞれの価値も多様ですから，一定の規則は必要になってくるでしょう。

　ただし筆者（片山）は，規則を大幅に少なくすることには賛成です。例えばですが，靴下の色が白でなければならない理由は何かあるのでしょうか。カーディガンの色が紺色のみでなければならない理由とは一体何でしょうか？

　数年前になりますが，ある研究会で規則の話題になり，「カーディガンの色は，紺でなくても良いのではないでしょうか？！」と参加者の一人である学校の先生から発言があったとき，「そういう細かなところから学校は崩れていくんです」と，会に参加していた指導主事の先生に諭されていました。

　しかし筆者（片山）は，カーディガンも，靴下も，色を揃えたほうが美しいのかもしれませんが，「揃えて美しい」，ただそれだけのことでしかないように思います。

　もちろんそこに家庭の経済力の差が子どもに影響を及ぼさないように，あるいは着ている色でグループができないように，いじめが発生しないように，といった学校側のたくさんの配慮があることも十分にわかります。学校の実情はさまざまなので，本当にその規則が必要な学校も，もしかしたらあるかもしれません。

　でも，敢えて言えば，着るものを含め，自己表現することは大人へと成長する過程で大事なことであり，その成長を支えていくことが大人である教師の役割のはずです。自分が着るものは，自分で選択させてみてはどうでしょうか。制服を廃止する学校もありますし，既にいろいろなパターンに組み合わせて着られる制服を採用している学校も多くなっています。服装や頭髪の指導を含め，子どもの自立を促す生徒指導はどう行ったらよいのか，今一度考えてみる必要がありそうです。

5. 曖昧な運用が教師を苦しめる？

　細かな規則でしばりつける学校がある一方で，規則の運用が曖昧な学校が多いこともわが国の特徴です。特に小学校や中学校においてその傾向は顕著です。規則の運用が曖昧であることによって，規則に対する学校側と子ども側（保護者含む）の見解の違いが生じ，トラブルが生じることは珍しくありません。ただいずれにしても，規則の運用が曖昧なために，現場の教員にはその指導が難しく，負担になっているのも事実です。

　特に，小学校段階においてはそれと反対におよそ曖昧な規則となっており，それゆえ教員の指導が難しいようです。ある小学校教員は，「規則はあってないようなものなので，保護者からの問い合わせやクレームはよくあります。その都度教員で協議しないといけませんが，もともと規則が曖昧だし，強要できるものではないので仕方ありません」とこぼしていました。曖昧な規則を敢えて採用している小学校ならではの苦労がみてとれます。

　では，そもそも規則は，『生徒指導提要』等でどのように記されているのでしょうか？　少し長くなりますが，以下引用します。

　　校則は，「学校が教育目的を実現していく過程において，児童生徒が遵守すべき学習上，生活上の規律」で「これらは，児童生徒が健全な学校生活を営み，よりよく成長していくための行動の指針として，各学校において定められています。児童生徒が心身の発達の過程にあることや，学校が集団生活の場であることなどから，学校には一定のきまりが必要です。また，学校教育において，社会規範の遵守について適切な指導を行うことは極めて重要なことであり，校則は教育的意義を有しています。

　　同じく法的根拠について，「校則について定める法令の規定は特にありませんが，判例では，学校が教育目的を達成するために必要かつ合理的範囲内において校則を制定し，児童生徒の行動などに一定の制限を課すことができ，校則を制定する権限は，学校運営の責任者である校長にあるとされています。裁判例によると，校則の内容については，学校の専門的，技術的な判断が尊重され，幅広い裁量が認められるとされています。社

会通念上合理的と認められる範囲で，校長は校則などにより児童生徒を規律する包括的な権能を持つと解されています。

　つまり，校則に関してはその最終決定権は，学校に関する専門的知識を有する校長にあり，社会通念上許される規則であれば認められるということです。また，学校によって規則が異なっていても，あるいは多様な規則があったとしても，それはわが国の規則のあり様としては，ごく普通のことだということになります。

　ただ，規則の運用が曖昧であれば，懲戒の運用にも影響が及びます。下記に示すように文部科学省は2010（H22）年に，「高等学校における生徒への懲戒の適切な運用の徹底について（通知）」を出しています。

「高等学校における生徒への懲戒の適切な運用の徹底について」（通知）
平成22年2月1日
1. 高等学校における取組について
（1）指導の透明性・公平性を確保し，学校全体としての一貫した指導を進める観点から，生徒への懲戒に関する内容及び運用に関する基準について，あらかじめ明確化し，これを生徒や保護者等に周知すること。
（2）懲戒に関する基準等の適用及び具体的指導について，その運用の状況や効果等について，絶えず点検・評価を行い，より効果的な運用の観点から，必要な場合には，その見直しについても適宜検討すること。
（3）懲戒に関する基準等に基づく懲戒・指導等の実施に当たっては，その必要性を判断の上，十分な事実関係の調査，保護者を含めた必要な連絡や指導など，適正な手続きを経ること。

2. 高等学校を所管する教育委員会における取組について
（1）各学校における懲戒に関する基準等に基づく懲戒・指導等の実施が，社会通念上妥当性を欠くものとならないようにするため，事実行為としての懲戒の意義の理解とその適正な運用を含め，参考事例等の情報を積極的に提供し，留意点等を示すことにより，これらの適正な運用のための条件整備等を一層推進すること。
（2）各学校における懲戒の適切な運用についての取組が不十分な学校に対して，期限

を定めて改善状況の報告を求めるなどの方法により，適切な運用を図るよう指導
　すること。

　学校がその時々の判断をしたり，あるいは発言力の強い保護者がいる場合に
判断を変えたりすることが実際に生じています。義務教育段階であれ，高等学
校段階であれ，規則や懲戒について曖昧な運用をすれば，子どもや保護者から
不公平だと抗議を受けることになりますし，そのことで現場も疲弊してしまい
ます。そうした抗議が続けば，やがて現場は指導することの意味が見出せず，
指導をやめてしまっても不思議ではありません。

6. 懲戒制度の不備は続いたまま？

　生徒指導が困難を極める理由の一つに，生徒懲戒制度が未整備な状態のまま
であることが挙げられます。生徒懲戒とは，教育上必要な児童生徒に対して行
う制裁のことです。
　生徒懲戒には，大きく分けて二つあります。①法的効果を伴わない事実行為
としての制裁　②校長が行う退学・停学・訓告等の法的制裁です。
　①は，放課後教室に残す，授業中教室で起立させる，学習課題や清掃課題を
課す，当番を多く割り当てる，叱って席につかせるなどが相当します。②は，
高等学校での「学校教育法施行規則」第二十六条等による停学・退学の制度が
これに相当します。

「学校教育法施行規則」
第二十六条　校長及び教員が児童等に懲戒を加えるに当つては，児童等の心身の発達に
　応ずる等教育上必要な配慮をしなければならない。
2　懲戒のうち，退学，停学及び訓告の処分は，校長（大学にあつては，学長の委任を
　受けた学部長を含む。）が行う。
3　前項の退学は，公立の小学校，中学校（学校教育法第71条の規定により高等学校に
　おける教育と一貫した教育を施すもの（以下「併設型中学校」という。）を除く。），

20

義務教育学校又は特別支援学校に在学する学齢児童又は学齢生徒を除き，次の各号の
いずれかに該当する児童等に対して行うことができる。
一　性行不良で改善の見込がないと認められる者
二　学力劣等で成業の見込がないと認められる者
三　正当の理由がなくて出席常でない者
四　学校の秩序を乱し，その他学生又は生徒としての本分に反した者
4　第二項の停学は，学齢児童又は学齢生徒に対しては，行うことができない。
5　学長は，学生に対する第二項の退学，停学及び訓告の処分の手続を定めなければな
　らない。

　退学の制度は，公立の小・中学校では許されておらず，国立および私立の
小・中学校のみ退学の制度を有しています。退学・停学・訓告についてまとめ
ると，**表1**のようになります。
　停学は，処分の期間中，教育を受けることができなくなるため，国立・公
立・私立を問わず，義務教育段階では行うことができません。訓告とは，懲戒
処分としての訓告であることを明示して行ったものを言い，指導要録にも記載
します。事実上の懲戒として行われる単なる叱責等は訓告には含まれません。

表1　義務教育段階の退学・停学・訓告

	退学	停学	訓告
国立の小・中学校	○	×	○
公立の小・中学校	×	×	○
私立の小・中学校	○	×	○

※○は制裁が可能なことを，×は制裁が不可能なことを示している。

　このように，公立の小中学校では停学や退学の懲戒制度はなく，①の叱ると
いう事実上の制裁しかありません。例えば教室で問題行動をし，周りにいる子
どもたちの学習が妨害されたとしても，当該生徒へできることは，口頭で注意
するなど事実上の懲戒だけです。仮に，いじめの悪質な具体的事実があったと

しても，いじめを行った子どもへの懲戒は口頭での訓告を除いてありません。

　懲戒制度が未整備であると，何が問題となるのでしょうか。大きく二つのことが懸念されます。一つ目は，教員の職場環境や安全が保てないことです。大阪府四條畷市立中学校に勤務する40代男性教諭が，2019（R元）年2月28日に大阪地方裁判所に提訴を行う事態が発生しました。2013年12月に，注意した男子生徒から殴られ鼻の骨を折るなど重傷を負ったにもかかわらず，校長や市教育委員会が警察への通報や後述する出席停止等の対応をせず，公務災害の申請も妨げられたためです。法的対応が必要であるにもかかわらず，懲戒どころか，出席停止の措置すらもとられていません。教員の身の安全が保たれていないことが露呈してしまっているわけですが，このような労働環境では，若くて優秀な人材からはそっぽを向かれてしまうでしょう。

　二つ目は，正式に認められている懲戒がないことで，子どもの安全が保てていないことです。教員が子どもの問題行動を説教によって指導すれば，容易に矯正できるかのような錯覚をしてしまい，禁止されている体罰や過度な指導により子どもを死に追いやる指導死などを引き起こしやすくなります。指導死とは，教員が叱責のために過剰に子どもを追いつめ，死に至らしめることを言います。教員が誤った指導で過度に叱責し，子どもは追いつめられる，という構図のもとで起こります。実際に起こった例を見てみましょう。

　2017（H29）年3月に，福井県池田町の公立中学校で，担任・副担任によって，執拗で厳しい叱責を受けた中学二年生の男子生徒が，校舎から転落死した事件がありました。担任・副担任が過剰に子どもを叱りつけ，子どもを追い込んだ指導死として，社会的影響も大きいものでした。事件後，担任等は業務上過失致死容疑で告発されましたが，不起訴となり，その後，福井検察審査会は，担任を不起訴不当，副担任・校長は不起訴相当と議決しました。

　担任・副担任はもちろんのこと，日常的になされていた過剰な叱責を見逃していた学校に責任があることは間違いありませんが，システム的な面だけ見ても，わが国が仮に，4章で後述するアメリカにみるような生徒懲戒制度を採用していれば，教員が延々と子どもを叱責するなどということはなく，指導死に

至ることもなかったのではないかと考えます。

　教師が，人権感覚を欠いていたり，あるいは過度に担任としての責任を感じたりするようなことがあると，度を超えて厳しく指導したり，本来指導しなければならない指導内容から逸れて過剰に叱責してしまったり，あるいは体罰を用いてしまったりするため，子どもが追いつめられてしまうのです。その反対に，責任を感じて指導を行ってきた教員が，疲れて鬱になったり，休職してしまったりすることもあります。

　義務教育段階においては特に懲戒制度はないに等しく，また高等学校では制度があっても機能していないために，こうした事態が引き起こされてしまうのではないでしょうか。

7. 出席停止措置は機能していない？

　義務教育段階の児童生徒のうち，性行不良な児童生徒に対しては，以下の「学校教育法」第三十五条に則って，秩序維持の観点から出席停止の措置をとることが認められています。「いじめ防止対策推進法」第二十六条においても，いじめを受けた子どもやその他の子どもが安心して教育を受けられるよう必要な措置として，「学校教育法」第三十五条による出席停止の措置をとることについての規定もなされました。

「いじめ防止対策推進法」
第二十六条　市町村の教育委員会は，いじめを行った児童等の保護者に対して学校教育法第三十五条第一項（同法第四十九条において準用する場合を含む。）の規定に基づき当該児童等の出席停止を命ずる等，いじめを受けた児童等その他の児童等が安心して教育を受けられるようにするために必要な措置を速やかに講ずるものとする。

「学校教育法」
第三十五条　市町村の教育委員会は，次に掲げる行為の一又は二以上を繰り返し行う等性行不良であって他の児童の教育に妨げがあると認める児童があるときは，その保護者

に対して，児童の出席停止を命ずることができる。

　一　他の児童に傷害，心身の苦痛又は財産上の損失を与える行為

　二　職員に傷害又は心身の苦痛を与える行為

　三　施設又は設備を損壊する行為

　四　授業その他の教育活動の実施を妨げる行為

　ただし，「この制度は，懲戒という観点からではなく，学校の秩序を維持し，他の児童生徒の義務教育を受ける権利を保障するという観点から設けられている（1983（昭和58）年。12.5文初322初等中等教育長）」とされるとおり，懲戒ではなく，あくまでも秩序措置であり，また子ども本人がその対象ではなく，保護者に対してなされるものです。さらに，適用の主体は市町村教育委員会であり，校長ではありません。

　出席停止の適用にあたっては，「学校教育法」第三十五条に基づいて，市町村教育委員会はあらかじめ保護者の意見を聴取するとともに，理由および期間を記載した文書を保護者に交付しなければなりません。また，当該児童生徒に対しては出席停止の期間中，学習に対する支援その他の教育上必要な措置を講じることが求められます。

　全公立の小・中学校における出席停止の行使件数は，**表2**に見るように多くても年間50件前後で，近年では10件以下にまで減少しています。実際に生じている暴力行為やいじめの発生状況に鑑みると，行使件数と実態との間には相当

表2　出席停止の行使件数

（件）

区分 （年度）	2006	2007	2008	2009	2010	2011	2012	2013	2014	2015	2016	2017	2018	2019
小学校	1	2	0	1	0	0	0	0	0	0	1	1	0	1
中学校	42	58	40	45	43	51	18	27	47	25	14	7	7	2
計	43	60	40	46	43	51	18	27	47	25	15	8	7	3

出典：文部科学省初等中等教育局児童生徒課「令和元年度　児童生徒の問題行動等生徒指導上の諸問題に関する調査結果について」2020年11月13日。

の乖離があります。これを見る限り，出席停止の措置は強力な措置という意味合いで用いられているといえ，実際には使いづらいものとなっています。つまり，秩序維持の措置として機能しているとはいえないのです。これも，教員が疲弊する理由の一つです。

8. いじめ問題における制裁は欠如している？

わが国ではいじめによる自死が跡を絶たず，2013（H25）年に「いじめ防止対策推進法」が成立しました。その後，「特別の教科　道徳」が教科化され，2018（H30）年度からは小学校で，2019（H31）年度からは中学校で全面実施されるようになりました。これらのきっかけは，2011（H23）年大津市で痛ましいいじめ事案が発生し，そうした事態が全国で止まない事実があったからです。それほどいじめは，子どもにとっても，子どもを学校に通わせる保護者にとっても切実で深刻な問題なのです。

しかしながら，いじめを行った子どもに対する懲戒制度は脆弱で，効力に乏しいと言わざるを得ないでしょう。2019（R元）年度のいじめの認知件数は，小学校で484,545件，中学校で106,524件，高等学校で18,352件，特別支援学校では3,075件であるのに対し，「学校教育法施行規則」第二十六条で認める訓告がなされた件数は同年度で，小学校34件，中学校238件，高等学校351件，特別支援学校5件，合計628件と極めて少ないものとなっています。またいじめをめぐって，懲戒とは異なる出席停止の措置がとられた件数は，2019年度で小学校，中学校ともに0件です。

そんな中，「いじめ防止対策推進法」第二十八条第一項に規定する重大事態事案の発生件数は，2019年度で723件（前年度 602 件）で，**図2**に見るように年々増えています。声を挙げることもなく不登校になった子どもは件数に含まれませんから，実際はさらに多いと思われます。これでは，子どもは安心して学校に行けませんし，保護者も安心して子どもを学校に行かせることができません。

ただ誤解を招かないように申し添えておくと，単に懲戒を厳しくすればいじ

めの問題が解決すると述べているわけではありません。懲戒を毅然と，そして冷静に行使するとともに，いじめを行った者には何らかの原因があるはずですから，そこにカウンセリングや効果の期待されるプログラム等を同時に課す必要があるのではないかと考えています（4章参照）。

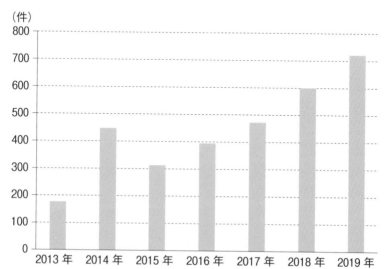

図2　「いじめ防止対策推進法」に基づく重大事態事案の発生件数の推移
出典：2019年12月13日第124回初中分科会資料2および文部科学省初等中等教育局児童生徒課「令和元年度児童生徒の問題行動等生徒指導上の諸問題に関する調査結果の概要」に基づき片山が作成。

9.　教師の人権は軽んじられている？

　学校生活において，子どもから何気なく投げつけられる「アホ」あるいは「死ね」といった言葉に，教員は深く傷ついています。子どもからそうした言葉を投げかけられるのは，教員であれば職業上耐えなければならないことなのでしょうか？「死ね」という言葉は，子どもの間で発せられたものであれば，

実際に子どもが死を選ぶこともある，辛辣な言葉です。保護者の方を含めて一般の方は，「アホ」「死ね」と毎日浴びせられる教員がどれほど傷つき，その言葉によって疲弊しているか想像できるでしょうか。これらに加えて，セクハラ発言を受ける教員も少なくありません。

　もちろん子どもは，大人とは異なり，発達の途中にいるわけですから，うまく自分を表現できなかったり，家庭で，あるいは学校で満たされないことがあったりすると，こうした言葉を使ってしまうことも十分理解できます。保護者からそんな言葉を毎日浴びせられているのかもしれませんし，教員を試そうとしたり，教員の気を惹こうとしたりするために用いることがあるかもしれません。きっと心の内では苦しくてどうにもできずにもがいてもいるのでしょう。そのこともよくわかります。

　しかしながら，子どもが発する辛辣な言葉に，大人である教員は先生だからという理由で耐え続けなければならない，というのはおかしなことだと思います。子どもから教員への人権侵害であり，ハラスメントに当たるからです。

　筆者の授業の中で，小学校教員志望の学生が，受講生の前で発言してくれました。「私はある小学校に支援員として入っているのですが，『死ね』と，支援に入るたびに子どもから言われて，教員になるのはどうしようかと迷っています。皆さんはそんな経験ありませんか」と。

　発言した学生にとっては，当然の反応だと思われます。講師や支援員などを含めた教職員は，こうした暴言等のハラスメントに深く傷つき，ボディーブローのように精神を痛めつけられています。にもかかわらず，これに対する制裁つまり懲戒制度は，わが国にはありません。正確に言うと「訓告」があるのですが，このケースで用いられることはほぼありません。逆に，こうした言葉を教員が子どもに対して使えば大きな問題になるはずです。また仮に学校外，例えば会社等でこうした暴言をすればハラスメントとして扱われることになるでしょう。

　どんな暴言を投げつけられようと，どんな問題行動を行おうと，教師が子どもに体罰を加えてならないのは，「学校教育法」第十一条で禁じられているか

らだけではなく，根本は子どもへの人権侵害だからです。この点から言えば，それと同様に，子どもから教師に対する悪質な暴言や身体への不当な暴行も，教師に対する明らかな人権侵害といえるのではないでしょうか。

　もし，こうした行為が安穏と許され続くとすれば，教員の安全が保障されない，あるいは教員の人権が守られないということですから，若者が教職という仕事を職業選択の対象から外すようになっても不思議ではありません。優秀な若者ほど教職を選択しなくなっているのも残念なことです。既に教職の魅力を示す一つの目安である教員採用試験の倍率は**図3**に見るように低下傾向を呈しており，教員の人材確保の点からも職場環境の改善，特に生徒指導的観点からの改善は喫緊だといえます。

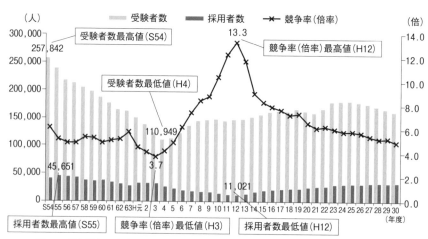

図3　教員採用試験の受験者総数・採用者総数・競争率（倍率）の推移
出典：文部科学省「平成30年度　公立学校教員採用選考試験の実施状況について」

10.　だから日本の教師は疲弊する

　わが国の教員には2章で藤平が後述するように，学習指導だけでなく，生徒指導が多く求められます。事件が起きるたびに，教員に求められる生徒指導は

積み重なりながら，増えていきました。その結果，学校では過度な生徒指導まで抱え込まざるを得ない状況になっています。

　TALIS（OECD国際教員指導環境調査）の調査結果に触れるまでもなく，「日本の教師はとても忙しい！」というのはよく知られることです。日々の授業に加え，熱中症にならないように気をつけ，休み時間もいじめが生じていないか目を配り，給食では食物アレルギーなど子どもの安心安全への配慮も欠かせません。家で食事を与えられていないネグレクトの子どもや身体的虐待の疑いがある子どもを発見すれば，福祉につなgなければならないこともあるでしょう。そこに，保護者からのクレームまで加われば，厳しい学校に勤務する教員の疲弊は，想像を超えるものがあるのではないでしょうか。

　厚生労働省が公表している自殺の統計（職業別自殺者数）によれば，2018（H30）年に自殺した教員は93人となっています。健康問題が主な理由ですが，そのうちうつ病によるものが最も多くなっています（平成30年度中における自殺の内訳）。精神科を受診する理由に，生徒指導に起因するものが多いということからも，わが国の教員には生徒指導の負担が重くのしかかっているのではないかと考えています。教員は，子どもに辛辣な暴言を投げつけられながら，人権を侵されてでも「子どものために」と慰め合いながら，じっと耐えなければならないのでしょうか。心を病みながら「子どものために」を合言葉に生徒指導を行い続けることが，本当に子どものためになっているのでしょうか。

　一方，子どもは意味のない規則であっても，ただただそれに従い，学校生活を送らなくてはならないのでしょうか。それで子どもは自立できるのでしょうか。将来，生き生きと主体的に社会で活躍していくことができるのでしょうか。

　教員が行うべきことは，子どもがもともともっている力に訴えかけて，その力を引き出すことです。子どもに気づきを与え，子どもの力を引き出しながら，自立できる子どもを育てる生徒指導が，本来の生徒指導の目的のはずです。政策立案者や学校関係者には，子どもについても教員についてもそうした生徒指導を可能にするための環境整備が求められているように思います。そのヒントを以下の章で探っていきましょう。　　　　　　（1章担当　片山紀子）

引用・参考文献

- 石田仁『はじめて学ぶ LGBT』ナツメ社，2019年。
- 大貫隆志『追い詰められ，死を選んだ七人の子どもたち，指導死』高文研，2013年。
- 荻上チキ・内田良『ブラック校則―理不尽な苦しみの現実』東洋館出版社，2018年。
- 奥地圭子『明るい不登校』NHK 出版，2019年。
- 片山紀子『アメリカ合衆国における学校体罰の研究―懲戒制度と規律に関する歴史的・実証的検証』風間書房，2008年。
- 片山紀子「懲戒制度の確立が問われている」吉田順編著『なぜ指導がうまくいかないのか―これまでの生徒指導の「考え方」を見直す〔「なぜ?」からはじめる生徒指導シリーズ〕』学事出版，2019年。
- 片山紀子『三訂版 入門生徒指導』学事出版，2018年。
- 川崎一彦・澤野由紀子・鈴木賢志・西浦和樹・アールベリエル松井久子『みんなの教育 スウェーデンの「人を育てる」国家戦略』ミツイパブリッシング，2018年。
- 木村素子『「みんなの学校」が教えてくれたこと：学び合いと育ち合いを見届けた3290日』小学館，2015年。
- 厚生労働省ホームページ「自殺の統計・各年の状況：平成30年度における自殺の状況」
- 国立教育政策研究所編『教員環境の国際比較 OECD 国際教員指導環境調査（TALIS）2018報告書』ぎょうせい，2019年。
- 西郷孝彦『規則なくした中学校 たった一つの校長ルール―定期テストも制服も，いじめも不登校もない！笑顔あふれる学び舎はこうしてつくられた』小学館，2019年。
- 妹尾昌俊『教師崩壊―先生の数が足りない，質も危ない』PHP 研究所，2020年。
- 堀江一成「小学校段階における校則に関する一考察」『京都教育大学大学院連合教職実践研究科 修了論文 生徒指導力高度化コース』2020年。
- 真金薫子『月曜日がつらい先生たちへ―不安が消えるストレスマネジメント』時事通信社，2018年。
- 松尾知明『「移民時代」の多文化共生論』明石書店，2020年。
- 宮本健市郎『アメリカの進歩主義教授理論の形成過程―教育における個性尊重は何を意味してきたか―』東信堂，2005年。
- 文部科学省「令和元年度児童生徒の問題行動・不登校等生徒指導上の諸課題に関する調査結果」2020年11月13日。
- ヨーラン・スパリネッド著，鈴木賢志他編訳『スウェーデンの小学校社会科の教科書を読む：日本の大学生は何を感じたのか』新評論，2016年。

なぜ日本の教師は多忙なのか

1. 教師の仕事と生徒指導の広範囲さをアメリカと対比

　一般的にアメリカでは教師の仕事は分業化されています。「教科指導をする人」と「学校生活や将来の目標に向けた支援（日本での生徒指導）をする人」は全く別の人が行います。もちろん教科指導をする人（teacher）も教室内の秩序維持への意識は強く抱いていると思いますが，児童生徒への直接的な指導・支援は，専門家である教師以外の常勤スタッフや学校の管理職の役割であることが一般的です。

　それに対して日本では，教師は「教科指導をする人」のみならず，「生徒指導（学校生活や将来の目標に向けた支援）」をする人」や「部活動をする人」さらに，児童生徒以外にも，「保護者との連携をする人」でもあります。このように，日本の教師は児童生徒に関わる役割がたくさんあり，そのことが児童生徒の成長に影響を及ぼしている大きな要因であるとされてきていますが，反対に教師の負担増に結び付く課題であるとも指摘をされてきています。

　本節では，まず始めに，アメリカの初等中等教育の学校において，規律を重視するに至った社会背景と1980年代の教育改革における「規律」の扱いについて整理をしてみたいと思います。そして，日本の生徒指導の場面｛換言すると「秩序維持（懲戒処分等を含む）」，「心理的援助」，「環境調整（ソーシャルワーク）」，そして，「進路指導・キャリア教育」｝に対応させて，アメリカの学校では，それぞれ，どのようなスタッフが，どのような役割を担っているのかを日本と比較をしてみたいと思います。

（1）1980年代のアメリカの教育改革と「規律」の扱い

　1960年代のアメリカは，著しい変革の時代でした。ベトナム反戦運動の推進者となった若い知識人や学生たちは，戦争に反対するとともに，伝統的な価値観へも反発するようになりました。このことは，教育界にも強い影響を及ぼし，初期のオルタナティブ教育理念に見られるような，学校の自由化などの教育革新運動が広まっていきました。そのため，中等教育においては，「人間中心教育」が強調されるとともに，アカデミック（academic）な必修科目よりも，ゲームや魔術など，生徒の興味や実際の生活に適合した非アカデミック（nonacademic）な選択科目が増加しました。

　その結果，大学入試共通テスト（SAT）のスコアは，1960年以降，20年間は著しく下降し，その後10年以上も低迷が続いていき，読みの能力が小学校6年生程度しかない大学生も散見されるようになりました（図1参照）。

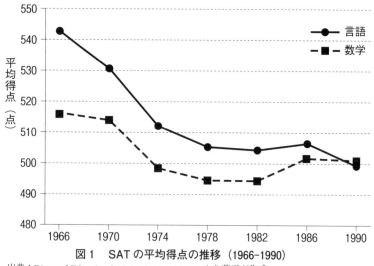

図1　SATの平均得点の推移（1966-1990）
出典：Digest of Education Statistics, 2002, Table 134 より藤平が作成。

　このような状況から，1970年以降に全米の各地で，保護者を中心とした「基

礎学力回復運動（Back to Basics）」とともに，アカウンタビリティー（accountability）
を求める住民運動も拡大していきました。その背景には，学力低下以外に，規
律の乱れによる学校荒廃が目にあまるようになってきたことが挙げられます[1]。
参考までに，米国で最も規模が大きく，権威があるとされるギャラップ（Gallup）
教育世論調査によると，「あなたの地域の公立学校が直面している最も大きな
問題は何か」という問いに対する答えは，第1回（1969）から第17回（1985）まで，
第1位が「規律の欠如」で，第2位が「薬物の使用」であり，その後の調査で
も，この二つは常に上位にランクされていました[2]。

　このような状況から，1983年4月に，「危機に立つ国家：教育改革への至上
命令（*A Nation at Risk: Imperative for Educational Reform*）」と題する報告書が連邦政府教育省の
全米審議会（*National Commission on Excellence in Education*）から発表されました。

　その後，1989年には，レーガン元大統領の教育改革路線を継承した新大統領
のブッシュ氏は，改革目標を具体化させた「アメリカ2000教育戦略（*America 2000/
An Educational Strategy*）」を1991年4月に公表しました。その中で，2000年までに達成
すべき国家教育目標（*National Educational Goals*）として，6点を提起しましたが，その
「目標6」は「2000年までに，アメリカのすべての学校は，薬物と暴力をなく
し，学習を促進するための規律ある環境を醸成する」とし，具体的な目標が掲
げられました。

　その後，ブッシュ政権を継承した，新大統領のクリントン氏は，1994年に
「学校における銃規制法（*Gun-Free School Act*）」を各州に法案化することを義務づけ，
3年後の1997年には，この規制法を銃以外の武器や薬物等にも拡大することに
しました。

　このような歴史的な経緯により，アメリカの初等中等教育現場では学校内の
「規律」を重視するようになっていきました。

　それでは，アメリカの初等中等教育現場では，日本の生徒指導にあたる「秩
序維持（懲戒処分等を含む）」，「心理的援助」，「環境調整（ソーシャルワーク）」，そして，
「進路指導・キャリア教育」を具体的に誰がどのように進めているのかを，確
認してみたいと思います。

（2）アメリカの初等中等教育の学校における場面別主担当者

　どの学校種（小・中・高）においても，教科の指導者である教師は，「規律」の必要性について否定をするものは少ないですが，それは，あくまでも，授業を成立させる上で必要な規律や，真面目に学習に取り組んでいる児童生徒の学習権を侵さないための規律と捉えている教師が少なくありません。つまりアメリカの教師は「教科を教える人（Teacher）」と認知されていることが一般的であり，教科のみならず，児童生徒の生活全般にまで関わることが教師の職務であると認知されている日本とは異なります。そのため，授業遅刻や授業中の不適切な行為，また，他の児童生徒に危害を加える恐れのある物を所持していた場合など，授業が中断したり，他の児童生徒が安心して学習できないと教科担当の教師が判断した場合，彼は教頭（Vice-Principal）に連絡をして，教頭が対応をすることが一般的です。

　それは，一般的に教頭が（日本での生徒指導の）役割を担う人であるからです。もちろん，地区や学校によっては，教頭のみならず，校長がその役割を担っている場合もあります。

　児童生徒の行動によっては，心理の専門職である School Psychologist（スクールサイコロジスト）につないだり，不適切な行為の要因が家庭環境と考えられるケースについては，スクールソーシャルワーカー（School Social Worker）などの専門家につなぐなどと，地区（District）によって，教頭はコーディネーター的な役割を担っている場合もあります。

　なお，不適切な行動のみならず，児童生徒の学校生活や将来の目標に向けた支援については，日本での担任教師や進路指導主事の役割を担っている常勤のスクールカウンセラー（School Counselor）が担当することが一般的です。

　近年，日本においても，児童生徒の状況等に応じてスクールカウンセラーやスクールソーシャルワーカーなどの専門家と連携をとるような流れになりつつあります。しかし，彼らは非常勤職員でもあるため，管理職である教頭，生徒指導や教育相談の担当者，そして，担任教師が全てのケースに関わることが一般的でしょう。このように相当な業務の負担となっていることは否めません。

また，学校内の秩序維持に向けて，アメリカの初等中等教育の公立学校では，児童生徒の不適切な行為等に対しては，特別指導として懲戒処分を行うことが一般的です。

　懲戒処分の対象となる行為には，学校における武器所持，薬物乱用，喫煙，メチルアルコール等の違法行為や喧嘩，教職員への暴言，授業妨害，カンニング，授業サボり等があります。これらのことについては，地区ごとの規定（ルール）を事前に児童生徒および保護者にスチューデント・ハンドブック等を通して明示して，児童生徒が違反した場合には，その規定に従って，学校は懲戒処分を行うことが一般的です。

　当然，小・中学生も懲戒処分の対象者となっており，場合によっては退学処分もあります。そこのところが，義務教育段階では退学処分が認められていない日本とは異なるところです。

　一般的に，アメリカの初等中等教育の学校における，「秩序維持（懲戒処分等を含む）」，「心理的援助」，「環境調整（ソーシャルワーク）」，そして，「進路指導・キャリア教育」の主担当者は**表1**のとおりです。表1からは，日本と異なり，教師

表1　アメリカの初等中等教育の学校における場面別主担当者

場　面	校　種	
	初等教育	中等教育
秩序維持 （懲戒処分等を含む）	管理職（校長，教頭）， School Psychologist, School Counselor, School Police	管理職（校長，教頭）， School Psychologist, School Counselor, School Police
心理的援助	School Psychologist	School Psychologist
環境調整 （ソーシャルワーク）	School Social Worker	School Social Worker
進路指導・キャリア教育	School Counselor	School Counselor

出典：ASCA，NASP の資料をもとに藤平が作成。

（3）日本の初等中等教育の学校における生徒指導の場面と機能

　次に日本の初等中等教育の学校における生徒指導の場面と機能を再確認してみたいと思います（表2参照）。

　一般的に，日本での生徒指導の場面は3層構造を基本としています（3章の3参照）。表2では，生徒指導の四つの機能（秩序維持，心理的援助，環境調整，進路指導・キャリア教育）をそれぞれ3層構造である生徒指導の場面に当てはめてみました。それは，主に集団の場面で行う健全育成的な「未然防止」，主に個別的に指導・支援をする「初期対応」，そして，同じく，個別的に指導・支援をする「事後対応」の三つの場面に分けられます。

表2　日本の初等中等教育の学校における生徒指導の場面と機能

生徒指導の場面	主たる取組	生徒指導の機能			
未然防止	（主に）集団指導・支援 ガイダンス （健全育成）	秩序維持			進路指導・キャリア教育
初期対応	（主に）個別指導・支援 カウンセリング		心理的援助	環境調整	
事後対応					

出典：文部科学省，国立教育政策研究所の資料をもとに藤平が作成。

　特に，国立教育政策研究所生徒指導・進路指導研究センターでは，初期対応と未然防止の違いを，主に課題が見えてきた児童生徒への個別指導・支援と集団への指導・支援による健全育成に分類しています。

参考までに，平成29年3月に告示された「小学校学習指導要領」の第1章総則第4の1　児童の発達を支える指導の充実には，「主に集団の場面で必要な指導や援助を行うガイダンス」と「一人一人が抱える課題に個別に対応した指導を行うカウンセリングの双方により，児童の発達を支援すること。」と明記されています。

小学校 学習指導要領（29.3.31 告示）

第1章 総則
第4 児童の発達の支援
1　児童の発達を支える指導の充実
(1) 学習や生活の基盤として，教師と児童との信頼関係及び児童相互のよりよい人間関係を育てるため，日頃から学級経営の充実を図ること。また，主に集団の場面で必要な指導や援助を行うガイダンスと，個々の児童の多様な実態を踏まえ，一人一人が抱える課題に個別に対応した指導を行うカウンセリングの双方により，児童の発達を支援すること。

※「中学校学習指導要領」（29.3告示）と「高等学校学習指導要領」（30.3告示）にも同じことが明記されている。

　この場合のガイダンスとは，初歩的な説明をするオリエンテーションの意味ではなく，学校での生活面や学習面等において，児童生徒が自己の能力や個性を最大限に発揮できるように支援をすること，または，児童生徒が，自分の適性を知り，自分で進路を決定できるように指導をするという意味です。つまり，前掲した表2の日本の生徒指導の場面での，事後対応と初期対応における主に個別指導・支援が「カウンセリング」で，未然防止における主に集団における指導・支援による健全育成が「ガイダンス」である，と言えるでしょう。
　なお，このガイダンスは20世紀の初めにアメリカで成立したものです。戦後，日本に導入された概念であり，生活指導と職業指導の領域を含んでいます。
　因みに，「生徒指導」の訳語は，pupil guidance & counseling です。

（4）日本の初等中等教育の学校における場面別主担当者

次に，前掲した表1（アメリカの初等中等教育の学校における場面別主担当者）と対比するために，日本の初等中等教育の学校における場面別主担当者（一般的な例）を確認してみたいと思います（表3参照）。

表3　日本の初等中等教育の学校における場面別主担当者（一般的な例）

場　面	校　種	
	初等教育	中等教育
秩序維持	管理職（副校長，教頭） 担任教師 生徒指導主担当者 教育相談主担当者	管理職（副校長，教頭） 生徒指導主担当者 学年主任 担任教師
心理的援助	管理職（副校長，教頭） 担任教師 教育相談主担当者 生徒指導主担当者 養護教諭 スクールカウンセラー	管理職（副校長，教頭） 教育相談主担当者 生徒指導主担当者 担任教師 養護教諭 スクールカウンセラー
環境調整	管理職（副校長，教頭） 担任教師 教育相談主担当者 生徒指導主担当者 養護教諭 スクールソーシャルワーカー	管理職（副校長，教頭） 教育相談主担当者 生徒指導主担当者 担任教師 養護教諭 スクールソーシャルワーカー
進路指導・ キャリア教育	担任教師	進路指導主事 担任教師

出典：文部科学省，国立教育政策研究所の資料をもとに藤平が作成。

アメリカの初等中等教育の学校では，常勤の School Counselor（スクールカウンセラー）が，日本での担任教師や進路指導主事の役割を担っていることは前述したとおりですが，表3からは，日本の初等中等教育の学校では，「心理的援助」や「環境整備」の場面においても，担任教師が主担当者であることがわか

ります。　もちろん，アメリカの学校同様に「心理的援助」はスクールカウン
セラー（アメリカでは School Psychologist），「環境調整」はスクールソーシャルワー
カーも主担当者となっています。しかし，日本では，スクールカウンセラー，
スクールソーシャルワーカー共に１年契約の非常勤職員であることから，彼ら
と連携を図りつつも担任教師の役割が大きくならざるを得ません。さらに，担
任教師は「秩序維持」とともに，特に中等教育の学校では，担任教師の本来の
業務とも言える「進路指導・キャリア教育」も含めて，四つの場面すべてで主
担当者となっています。改めて，日本の初等中等教育の学校での担任教師の業
務負担は計り知れないものがあります。

　スクールカウンセラー，スクールソーシャルワーカーの常勤職員化が１日も
早く進むことが必要不可欠です。

2. 日本がアメリカの業務分担制から示唆されること

　アメリカの業務分担制を踏まえて，日本の初等中等教育における学校で生徒
指導が機能するためには，単なる「役割分担」ではなく，互いの役割を認識し
つつ，互いに協力しあう「役割連携」の発想が必要ではないでしょうか。そこ
で，国立教育政策研究所生徒指導研究センター（H24年４月より生徒指導・進路指導研
究センター）が行った「役割連携」に関する調査結果を確認してみたいと思いま
す。

（1）問題を起こりにくくしている学校の共通点

　国立教育政策研究所生徒指導研究センターでは，学校において組織的かつ効
果的な生徒指導に資するため，「生徒指導に関する機能向上のための調査研
究」（H20年度～H22年度）を行いました。調査結果によると，生徒指導が組織的に
行われ，問題が起こりにくくなっている学校では，情報を軸とした実態把握に
重点が置かれ，課題および指導方針が明確であることから，教職員全員での円
滑な取組に結び付いているという共通点が見られました。この調査結果を踏ま

えて，生徒指導が組織的に行われ，問題が起こりにくくなっている学校における「生徒指導の実践・評価サイクル」を概念図で示すとともに，その際，生徒指導主担当者（生徒指導主事等）に求められる基本的な行動をA〜Gの七つに分類しています（**図2**参照）。

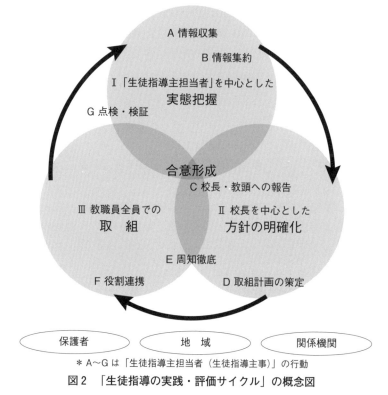

図2 「生徒指導の実践・評価サイクル」の概念図

出典：「生徒指導の役割連携の推進に向けて」（小・中・高等学校編）をもとに藤平が作成。

　この調査研究では，問題を起こりにくくしている学校での日常的な流れや生徒指導主担当者（生徒指導主事等）の意識と行動を分解し，そのプロセスを可視化しようとしたことが特徴的です。

また，教職員全員で生徒指導に取り組み，問題が起こりにくくなっている学校では，次の 5 点が共通点として見られました。

---

① 子どもに関する情報を教職員全員で収集し，課題を共有している
② 学校の指導方針が現状と課題を踏まえたものとなっている
③ 指導における具体的な行動基準を教職員へ示している
④ 一部の教職員のみに負担が偏っていない
⑤ 随時，取組を見直し，軌道修正している

（2）教職員の具体的な行動

　それでは，①〜⑤のそれぞれについて，問題が起こりにくい学校における教職員の具体的な行動を分解してみることで，問題が起こりにくい学習環境の維持に向けて，教職員全員で行うための仕組みの要因を探ることとします。

①子どもに関する情報を教職員全員で収集し，課題を共有している

　教職員全員が学年や学級の垣根を越えて，子どもの情報を収集し，生徒指導の担当者がその情報を適切に集約することで現状と課題を明確にしています。その際，次のような具体的な行動が共通点として見られます。

＊②〜⑤も同様の共通点が見られます。

・子どもの何についての情報を集めるのかが明確になっている
・「報告メモ」や「連絡ノート」などを活用している
・短時間でも定期的に情報交換する機会を設けている
・収集した情報の信頼性を確認するために，不足している情報を集めようとしている

②学校の指導方針が現状と課題を踏まえたものとなっている

　校長は明確になった現状と課題を踏まえて，指導・対応方針を示しています。

・子どもに関する情報が最終的に校長に集まるシステムができている
・生徒指導主事等の担当者は日常的に校長・教頭（副校長）と生徒指導の状況について対話をしている
・現状と自校の生徒指導の重点事項とのずれを把握している

③指導における具体的な行動基準を教職員へ示している

　方針を具現化するための取組計画と指導における具体的な行動基準を示しています。

・教職員全員が納得するような指導の根拠を客観的なデータで示している
・取組の全体像とともに，スモールゴールを示している
・指導すべき基準を教職員全員で確認している
・指導における具体的な行動基準を教職員に示している

④一部の教職員のみに負担が偏っていない

　分担した役割を明確にした上で，教職員全員が互いの役割を意識して相互補完的に協力する意識を醸成しています。

・各教職員の力を生かした役割分担をしている
・生徒指導主事等の担当者は調整役にまわっている
・状況に応じて，分担者の負担の増減を図っている

⑤随時，取組を見直し，軌道修正している

　方針はぶれませんが，方策は状況に応じて変えるという姿勢を示していることが取組の活性化につながっています。

・それぞれの役割ごとの取組状況を集約するための伝達方法を明確にしている
・教職員が定期的に意見交換できる場を設定している
・子ども，保護者，地域の関係者等の声も反映させている

・日常の状況変化を数値などで表すようにしている。

　現在，各学校では生徒指導上の問題を防止するためにさまざまな仕組みづくりをされていることと思います。しかし，仕組みをつくることが目的ではないはずです。仕組みだけが先行してしまい，教職員の取組に対するモチベーションが下がったという例も散見されます。

　これらの分解した行動は，どれも一人一人の教職員の動きをつくることに結び付いており，その結果として，自然と仕組みができあがったと考えてもよいでしょう。

　このことは，日本型の業務分担モデルともなり，日本の教師の業務負担を減らすばかりか，「チーム」としての学校モデルに結び付くことであると考えられます。

（3）教職員全員の動きをつくるためのポイント

　前述した①〜⑤の共通点を踏まえて，問題が起こりにくい学習環境の維持に向けて，（生徒指導担当者が）教職員全員の動きをつくるためのポイントを国立教育政策研究所の調査結果を踏まえて示したいと思います。

【ポイント1】　情報の質と流れを確認しているか

　　正確な情報が教職員間で共有されるためには，情報の質と流れを確認することが大切である。具体的には，情報を「良い情報」と「悪い情報」，「重要度」と「緊急度」などに整理する。また，情報が生徒指導主担当者等のミドルリーダーを経由することは，誤った情報の流布を回避することにもつながる。そのためにも，ミドルリーダーは，情報のキーパーソンであることを強く意識することが大切である。

【ポイント2】　課題を目に見えるようにしているか

　　客観的な事実を目に見えるように工夫して示すことは，教職員の問題意

識を喚起できる。具体的には，子どもたちの出欠席状況に応じた色別分類シートを作成して，彼らの1週間の変化を一目で把握できるように工夫をしている学校がある。教職員は子どもたちの心身の状況を把握しやすくなり，問題の早期対応・早期解決に結び付き，不登校の新規出現率も激減したという。

【ポイント3】 取組における教職員の具体的な行動を示しているか

問題を早期に発見し，早期に解決するためには，教職員にそのための行動をしてもらえばよい。そのためには，行動のみを具体的に示すことが必要である。具体的には，「チャイム着席を徹底させる」→「教職員は教室でチャイムを聞く」，「子どもが相談しやすい雰囲気をつくる」→「できるだけ子どものそばにいる」，「廊下等はゆっくり歩く」などである。

【ポイント4】 スモールゴールを設定しているか

教職員がより積極的に仕事に取り組むためには，スモールゴールを設定することが大切である。最終ゴールの前にスモールゴールを段階的に設定することで，教職員は達成感と充実感が得られ，次のゴールに向けて取り組むための意欲とともに，取組も継続したものとなる。教職員の小さな達成感の積み重ねが，問題が深刻なものとなることを回避できることにつながる。

【ポイント5】 実効的なチェックリストを作っているか

より実効的なチェックリストを作成するためには，何をチェックするのかを的確に示すとともに，項目の文言をより具体的なものとする必要がある。具体的には，「子どもの様子を確認する」は「子どもの表情や言動に気になる点はないか」，「子どもと一緒にいる友だちに変化がないか」，「子どもの服装や持ち物に変化はないか」など，「様子」の部分をより具体的に示す必要がある。また，担任一人では，時間と場所に限りがあるため，

3. 日本型の生徒指導業務分担制に向けて

本章では，はじめにアメリカの初等中等教育の学校における，（日本での）生徒指導の四つの場面（「秩序維持（懲戒処分等を含む）」，「心理的援助」，「環境調整（ソーシャルワーク）」，「進路指導・キャリア教育」）においても，teacher（教師）が主担当者となっておらず，常勤の専門家スタッフ（School Psychologist, School Counselor, School Social Worker など）が担当していることを確認しました。

対して，日本の初等中等教育の学校における，生徒指導の四つの場面の全てにおいて，担任教師が主担当者となっていることを確認しました。このことは，担任の業務負担であるため，アメリカのように専門家との業務分担をすることが必要です。そのためには，スクールカウンセラーやスクールソーシャルワーカー等のスタッフの常勤職員化が不可欠なことです。

また，国立教育政策研究所生徒指導研究センター（H24年4月より生徒指導・進路指導研究センター）の調査結果によると，問題が起こりにくくなっている学校では，情報を軸とした実態把握に重点が置かれ，課題および指導方針が明確であることから，教職員全員での円滑な取組に結び付いているという共通点が見られました。この調査結果に基づいて，ただ単に業務を分担するだけではなく，一人一人の教職員が互いの業務を認識しつつ，互いに協力しあう「役割連携」の意識をもって行動することは，担任教師の業務負担の軽減にも結び付くと言えるでしょう。

そこで，専門家スタッフとの業務分担および連携の明確化とともに，担任教師の業務負担を減らすという観点から，日本型の生徒指導業務分担を目的とした「チーム学校」としてのモデルを示してみたいと思います（表4参照）。

中央教育審議会「チームとしての学校の在り方と今後の改善方策について（答申）」（2016）では，専門性に基づくチーム体制の構築を求めていることから，

表4　日本型の生徒指導業務分担を目的とした「チーム学校」のモデル

生徒指導の場面	主たる取組	生徒指導の機能			「チーム」学校のモデル
未然防止	（主に）集団指導・支援 ガイダンス（健全育成）	秩序維持		進路指導・キャリア教育	「チームT」教職員の同僚性を踏まえた「チーム学校」
初期対応	（主に）個別指導・支援 カウンセリング		心理的援助	環境調整	
事後対応					「チームS」外部専門家や関係機関等と連携した「チーム学校」

出典：文部科学省，国立教育政策研究所の資料をもとに藤平が作成。

　国がイメージしている「チーム学校」は外部専門家や関係機関等による（表4での）「チームS」です。

　しかし，前述したように，専任教職員同士による「役割連携」の考え方を踏まえた（表4での）「チームT」も重視すべきです。この表のように，生徒指導の場面や機能等に応じた働きかけを教職員一人一人が理解して取り組むことが，担任教師の業務負担軽減はもちろんのこと，何よりも，一人一人の子どもたちの適切な成長に結び付くことであると考えます。

（2章担当　藤平 敦）

引用・参考文献
1　今村令子『教育は「国家」を救えるか―質・均等・選択の自由―』東進堂，1987年，p.26。
2　Russell J. Skiba / Reece Peterson, " *The Education Digest* " April 1999 volume 64, No.8, pp.24-25.

どんな予防が必要なのか

　日本では「生徒指導」を英語に直すと，Pupil guidance and counseling とされています。しかし，アメリカの学校には，日本の学校で考えられている「生徒指導」と同等の概念はありません。しかし，類似するものとしては，Classroom management と PBIS が挙げられます。

　本章では，アメリカの教師を対象とした説明文[1,2]を参考にして，Classroom management と PBIS について，それらの概念や目的等を確認するとともに，日本での「生徒指導」との比較を試みてみたいと思います。そして，日本とアメリカの教職員に対する意識調査も踏まえて，これからの「生徒指導」に関する教職員研修のあり方について提案をしたいと思います。

1. Classroom management

（1）Classroom management とは何か

　Classroom management を日本語に直すと「学級経営」ということになり，担任教師が自分の受け持つ学級づくりのことを言います。それに対して，アメリカでは基本的に教科担任制です。日本の担任教師が行う仕事をアメリカでは主にスクールカウンセラーが行います。したがって，アメリカでの Classroom management とは，簡単に言えば，教師が授業を円滑に進めるためのさまざまなスキルとテクニックのことです。つまり，子どもたちの学習を促進するために必要な授業中のルールを明確化するとともに，授業の邪魔になるような行動等をなくすなど，適切な学習環境を構築するということです。

　Classroom management は授業科目，学年，子どもの人数，そして，教師の個

性などによっても異なります。そのため，当然のことですが，日々の決められたルーティンを好む教師にとって有効な手法が，変化を好む教師には有効ではない場合があります。ただし，どの教師にとっても，Classroom management の最終的な目標は，（子どもたちが）集中力をもって，注意深く，課題に取り組む子どもたちでいっぱいの教室環境にすることです。しかし，残念ながら，どの教師もこのような教室環境にすることは想像以上に難しく，目標に到達するまでに何年もかかるようです。「自分は比較的，Classroom management に長けている」と，自分自身で考えている教師であっても，毎年，クラス編成等で新たに出会った（授業を受け持つことになった）子どもによって状況が変わることがあるとのことです。

　したがって Classroom management に熟練するためには，継続することが重要なことです。Classroom management を継続していくことは，子どもたちの成長に結び付き，それが，教師という仕事を楽しむことにつながります。そして，最終的には，子どもの学習意欲の向上とともに，学力の向上へも影響を与えるでしょう。反対に，教室環境が荒れていて，教師が手に負えない場合には，どれだけ教師が教育活動に情熱をもっていたとしても，また，どれだけ子どもたちに真剣に向き合っていたとしても，質の高い授業に結び付く可能性は低いかもしれません。

（2）何から始めたらよいのか

　では，Classroom management に着手していくためには，まず，何から始めればよいのでしょうか。教師が意識すべき基本的なポイントを4点，確認をしてみたいと思います。

---

① （教師は）子どもたちとの関係を構築するための時間をつくる

② （教師は）しっかりとした計画を立てる

③ （教師は一人一人の子どもたちに対して）明確で信頼できる指示をする

④ （教師は）ユーモアのセンスをもつ

---

① (教師は) 子どもたちとの関係を構築するための時間をつくる

　まず，一人一人の子どもたちのことを知ることが大切です。彼らの長所は何か？　彼らの目標は何か？　今，彼らは何を考えて，何をしようとしているのか？　彼ら一人一人によく目を配り，よりよく彼らを知ろうとすることは彼らとの信頼関係を築くことにもなり，それが Classroom management を成功させるポイントとなります。

　そして，子どもたちに社会的スキルを教えることで，まとまりのあるコミュニティが構築されます。

② (教師は) しっかりとした計画を立てる

　初日に，子どもたちが教室に入る前に，綿密な計画を立てておくことが大切です。特に，子どもたちと顔を合わせた最初の数日と数週間は，子どもたちに計画のことを詳細に説明すべきです。計画を実行する初期段階で，子どもたちに計画の説明を念入りに行うことは，それだけ年間での成功率は高くなると言われています。

　そして，計画を通して，これからの1年間で行う学習について，また，子どもたち同士で築くクラスメイトとの所属意識について，子どもたちをワクワクさせることが大切です。

③ (教師は一人一人の子どもたちに対して) 明確で信頼できる指示をする

　子どもたちは（自分たちが）何を期待されているのかを正しく理解しているときは，彼らは安心であると感じます。起こりうることに対する予測を可能にし，リスク回避をして安全・安心な教室環境をつくることは，教師としての仕事です。そのためにも，教師は子どもたちが教室で安全かつ安心して生活できるように，（子どもたちに）明確な指示をする必要があります。

④ (教師は) ユーモアのセンスをもつ

Classroom management をすることはとても大変な場合が多いので，教師自身

が困った表情をするのではなく，自らが笑う方法を考えます。教師のユーモアは子どもたちとの信頼関係はもちろんのこと，子どもたちには常に楽しく学んでほしいという教師の願いを保つことにもつながります。

そしてそれは，子どもたちの学習を支援することにおいて，最適な方法であるとも言えるでしょう。

以上，アメリカの Classroom management について，教師が意識すべき基本的なポイントを4点確認しました。どれも，教師は授業を充実したものにすることを目的として行動しています。

日本でも，平成29・30年に告示された学習指導要領（小学校，中学校＝平成29年告示 / 高等学校＝平成30年告示）第1章総則第4（高等学校は第5款）の1　生徒（児童）の発達を支える指導の充実には「学習指導と関連付けながら，生徒指導の充実を図ること（抜粋 / 下線部は筆者による）」と明記されています。

中学校 学習指導要領（H29.3告示）

第1章 総則

第4 生徒の発達の支援

1　生徒の発達を支える指導の充実

(2) 生徒が，自己の存在感を実感しながら，よりよい人間関係を形成し，有意義で充実した学校生活を送る中で，現在及び将来における自己実現を図っていくことができるよう，生徒理解を深め，学習指導と関連付けながら，生徒指導の充実を図ること。

このことは，授業中に児童生徒の意欲など，彼らの非認知的能力の部分を育む働きかけなども，たとえ学習指導の時間であっても，それは生徒指導であるということを示したものです。

そうであるならば，アメリカの Classroom management も日本での生徒指導にあてはまると言えるのではないでしょうか。

2. PBIS

（1）PBIS とは何か

PBIS（Positive Behavioral Interventions and Supports/ **図1**参照）とは，広く捉えるならば，「学校経営システム」と言えるでしょう。つまり，障害をもつ子どもを含めた，全ての子どもがより良く成長するような学校をつくるために，データ，システム，実践を踏まえて子どもたちを支援するための方法です。

したがって，PBIS はカリキュラムでもなく，子どもの能力を開発するためのトレーニングでもありません。このシステムを通じて一人一人の子どもたちの行動に働きかけることです。このような働きかけが適切に行われると，子どもたちの社会性を育むとともに学習成果の向上も期待されるというものです。

なお，このシステムにより，学校は子どもを排除するような取組が減少し，教職員はより達成感を感じるようになることが期待されます。

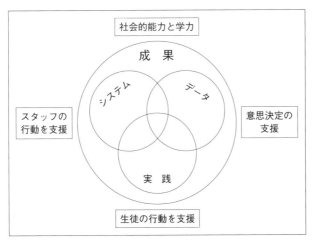

図1　PBIS の仕組み

出典：https://www.pbis.org/pbis/getting-started をもとに藤平が作成。

PBIS の成果とは，学校が導入しているデータ，システム，実践を通じて全ての子どもがより良く成長することです。そのためには，家族，子ども，学校の教職員のそれぞれが目標を設定し，互いに協力して各自の目標を共有することです。このような PBIS の仕組みは，日本での「学校と家庭との連携・協力」や「チーム学校」の考え方とともに，「ケース会議」による子どもへの支援と共通する点が多いと思われます。

（2）PBIS のフレームワーク
　PBIS のフレームワークは 3 層構造です (図2参照)。それぞれの階層の子どもたちにとって必要な支援を行うことを基本スタイルとしています。

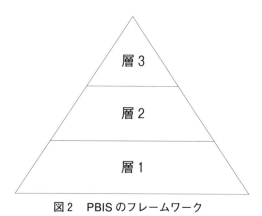

図2　PBIS のフレームワーク

出典：https://www.pbis.org/pbis/getting-started をもとに藤平が作成。

① 層1（全員を対象とした支援）
　全ての子どもを対象にして，適切な行動を教え，有用感を育むことによって，望ましくない行動を防止するための基盤を確立することが目的です。

層1の「支援内容」には次のものがあります。

- 確立されたリーダーシップチーム
- 定例会
- 学校全体のポジティブな社会文化を確立するためのコミットメントステートメント
- 意思決定のための継続的なデータの使用
- 専門能力開発計画
- 人事評価計画

層1の「実践」には次のものがあります。

- 学校全体の肯定的な期待と行動
- 学校全体の期待に基づく教室での期待
- 期待される行動を奨励するための手順
- 問題行動を阻止するための手順
- 学校と家庭とのパートナーシップを促進するための手順

② 層2 （課題が見えてきた子どもを対象とした支援）

　層1の支援だけでは成長しにくい子どもを対象として支援を行います。つまり，深刻な問題行動を起こす可能性のある子どもを支援することが目的です。

　層2の支援は，多くの場合，10人以上の子どもを対象とするグループ介入が含まれます。この段階での支援は，層1よりも集中的であり，層3よりも集中的ではありません。

層2の「支援内容」には次のものがあります。

- コーディネーターのいる介入チーム
- 行動に関する専門知識
- 正確なデータ収集
- 層2の支援が必要な子どもを特定するためのスクリーニングプロセス
- トレーニングと技術支援へのアクセス

層2の「実践」には次のものがあります。

- 自主規制と社会的スキルによる指導と実践の向上
- 大人による監督の強化
- ポジティブな機会の増加・事前修正
- 問題行動の回避への焦点化
- 学術サポートへのアクセス

③ **層3**（課題のある子どもを対象とした，集中的な個別支援）

　層1と層2の支援だけでは成長しにくい子どもを対象に行います。ほとんどの学校では，このような子どもが1 ～ 5 ％はいるとのことです。彼らには，層3でより集中的に個別化した支援をすることによって，適切な行動や学習の成果を向上させます。層3の支援は，発達障害，自閉症，感情障害（躁うつ）および行動障害のある子どもや診断ラベルのない子どもにも有効とのことです。

層3の「支援内容」には次のものがあります。

- 学際的なチーム
- 行動サポートの専門知識
- 正確なデータ収集

層3の「実践」には次のものがあります。

- 機能ベースの評価
- ラップアラウンドサポート
- 文化的および状況に応じた適合

　以上，アメリカのPBISについて，仕組み，3層のフレームワーク，そして，それぞれの層の対象者と支援内容等について確認をしました。

　PBISとは，「大きな森（学校）を見ながら，1本1本の木（生徒）や木の群集（教室運営）も，システマティックに同時に見ていく」ことではないかと思います。

　そのためには，前述したClassroom managementとも関係しますが，教職員間の指導のばらつきをできる限り無くして，学校として一貫した指導をすることが求められ，そのような一貫した指導を確実に実行していくための「学校経営システム」であると言えます。

　なお，PBISを適切に実行していくためには，当然，学校内に担当者（日本と違って教員ではない人）がいなくてはいけません。紙面の都合上，本章では触れませんが，学校内の担当者（元警察官など）を指導するための「コーディネーター」と呼ばれる人が各州にいます。

　PBISの仕組みや3層のフレームワーク，そして，それぞれの層の子どもたちへの支援内容等は，日本の学校における生徒指導の構造と予防に対する考え方に類似しています。

　次節では，日本の生徒指導の構造と予防に対する考え方を確認してみたいと思います。

3. 生徒指導は3層構造

(1)「ハインリッヒの法則（1：29：300)」

　「1：29：300の法則」ともいわれる「ハインリッヒの法則」とは，「労働災

害における経験則の一つで，１件の重大事故の背後には29の軽微な事故があり，その背景には300の異常が存在するというものです。この法則を導き出したハーバート・ウィリアム・ハインリッヒ（Herbert William Heinrich）（1886年〜1962年）に由来して，「ハインリッヒの法則」とも呼ばれています。

　アメリカの損害保険会社の調査部の副部長をしていたハインリッヒ氏は1929年11月に，豊富なデータを根拠にして，労働災害の発生確率を分析した結果を論文として発表しました。それは，１件の大きな事故（重大災害）の背後には，29件の小さな事故（かすり傷程度の軽災害）があり，さらにその背景には300件もの「ヒヤリ・ハット」（危うく大惨事になったであろう）があるとしています（図3）。

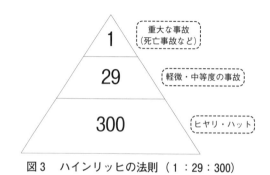

図3　ハインリッヒの法則（１：29：300）

　この法則は，「いじめ防止対策推進法（以下，「推進法」という）」（平成25年９月28日施行）の第八条（学校及び学校の教職員の責務）で示された「防止」，「早期発見」，「対処」の三つの段階にも当てはめることができます（図4）。

　図４の頂点（１の部分）にある「深刻ないじめ」の背後には初期対応が必要な「無視や陰口」などが存在し，さらにその背景には，日頃から学校（学級）内に，思いやりに欠ける言葉が飛び交っていたり，他人の失敗を嘲笑する雰囲気などがあると考えられます。

　日頃から，学校（学級）内に，他者を思いやるような雰囲気があれば，当然，集団での無視や嫌がらせなどが起こる可能性が低くなるため，深刻ないじめに

発展する確率も低くなると言えます。

　なお，「深刻ないじめ」には迅速な対処が求められ，深刻ないじめに発展しないように，「無視や陰口」などの段階で「早期発見」し，そして，早期発見のさらに前段階として，日頃から，いじめが起こりにくい環境をつくるという健全育成的な面での「防止」が求められているのです。

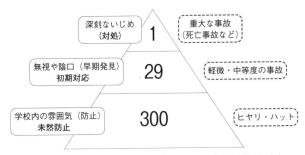

図4　ハインリッヒの法則と「いじめ防止対策推進法」
**　　　との関係**
出典：「ハインリッヒの法則」と「いじめ防止対策推進法」第八条をもとに，藤平が作成。

　ちなみに，「推進法」で使われている文言と，生徒指導全般で使われている文言を比較してみると**表1**のようになります。

表1　「いじめ防止対策推進法」と生徒指導全般での段階別
**　　　文言比較**

「いじめ防止対策推進法」での文言	生徒指導全般での文言
対処	事後対応
早期発見	初期対応
防止	未然防止

出典：「いじめ防止対策推進法」と「生徒指導リーフ」（国立教育政策研究所）をもとに藤平が作成。

一般的に，生徒指導とは事後対応と初期対応が大きな役割であると認識されがちですが，「推進法」の制定により，改めて，生徒指導は未然防止を含めた3層構造であることが確認できます。

　そして，この3層構造は，前節で確認をしたアメリカのPBISと同じフレームワークであることがわかります（図2参照）。

（2）生徒指導とは何か

　日本における生徒指導を「ハインリッヒの法則」の図に当てはめると，「1（対処）」と「29（早期発見）」の部分は，どちらかというと，課題のある児童生徒に対する個別対応であるとみなされがちです。

　それは，少年非行が社会問題化していた昭和50年に，「生徒指導主事」の職が中学・高等学校等に省令主任として位置づけられたことが，生徒指導＝問題対応というイメージが定着した要因の一つであると考えられます。

　現在においても，その任にある教員が，実際に生徒の問題行動等への対応に四苦八苦している姿を目の当たりにすれば当然のことと思われるでしょう。

　一方，国の生徒指導の指針を示している『生徒指導提要』（文部科学省，平成22年3月）では，「生徒指導は，すべての児童生徒のそれぞれの人格のよりよい発達を目指すとともに，学校生活がすべての児童生徒にとって有意義で興味深く，充実したものになることを目指しています」（一部抜粋）と生徒指導の定義づけをしています。（下線部は筆者による）

　また，教育基本法第六条第二項（学校教育）では，「教育を受ける者が，学校生活を営む上で必要な規律を重んずるとともに，自ら進んで学習に取り組む意欲を高めることを重視して行われなければならない」（一部抜粋）と明記されています（下線部は筆者による）。

　ここには，教育を受ける者（子ども）に対する生徒指導の視点が2点示されています（下線部）。

　一つ目は「必要な規律を重んずる」であり，もう一つは「自ら進んで学習に取り組む意欲を高める」です。後者については，非認知の部分（学習の意欲）に

焦点を当てていることから，生徒指導の範疇であると言えるでしょう。どちらも，課題のある生徒のみならず，全ての児童生徒を対象としていることがわかります。全ての児童生徒を対象にすることは，図4では「300（防止）」の部分であり，当然，日々の授業も含まれます。生徒指導は読んで字のとおり，生徒への指導は全て生徒指導（この場合の生徒には，当然，児童も含まれる）であると言えるため，たとえ，学習指導の場面であっても，純粋に教科の内容に関するテクニカルな指導以外は生徒指導であると言えます。

　したがって，図4の「1（対処）」と「29（早期発見）」の部分は，もちろん重要な生徒指導であることに間違いはありません。しかし，「300（防止）」の部分も生徒指導であり，今後は防止的な観点から，日頃から問題等が（結果的に）起こりにくくなるような学校（学級）環境づくりを，一層重視することが求められています。

（3）魅力ある学校づくり

　それでは，図4の「300（防止）」の部分（の生徒指導）では，児童生徒に対して，具体的にどのような働きかけをすればよいのでしょうか。国立教育政策研究所生徒指導・進路指導研究センター（平成24年3月までは生徒指導研究センター）では，平成22年度から「魅力ある学校づくり調査研究事業」を実施しています。本事業は学校に在籍している全ての子どもにどのような働きかけをすれば，いじめや不登校の防止（いじめに向かわせない，新たな不登校を生まない）になるのかを検証するための「調査研究事業」であり，図4の「300（防止）」での働きかけに焦点を当てたものです。

　調査研究では，子どもたち（小5〜中3）への意識調査において，「学校が楽しい」という項目に対して，肯定的な回答をしている子どもは，同時に「皆で何かをするのは楽しい」，「授業に主体的に取り組んでいる」の項目に対しても肯定的な回答をしている傾向が見られています。

　このことは，生徒指導が目指している，子どもの社会性（「皆で何かをするのは楽しい」）と自己指導能力（「授業に主体的に取り組んでいる」）を育成するためには，学校

を全ての子どもにとって安全で，楽しい場所にするような工夫が必要であることを意味しています。また，同センターが継続して実施しているいじめの追跡調査では，いじめは被害者と加害者が頻繁に入れ替わる状況にあることが見られていますが，いじめの場合，一部の子どもを想定した「1（対処）」や「29（早期発見）」の取組よりも，全員を対象に学校を楽しい場所にするような取組（「300（防止）」）のほうが合理的かつ効果的であると言えるでしょう。

　本事業における研究指定校の取組例には，「わかる授業」や「忘れ物をさせない」など，「（子どもが）困らないようにする」ための工夫，「グループ活動」や「清掃活動」など，仲間との活動を充実させる工夫，また，子どもへの直接的な働きかけではないが，「掲示物」や「学校ホームページ」など，子ども，保護者，地域住民等と情報共有するための工夫などで成果を上げている例も見

られます。

　「このような活動はどの学校でも行っている」，「（子どもが）学校が楽しいと思えるような働きかけをすることは当たり前だ」と思われるかもしれません。しかし，大切なことは，日頃から当たり前だと思われている取組であっても，生徒指導の働きかけだという自覚のもと，全ての子どもたちを対象に意図的，計画的に行っているかどうか，であると言えます。表面的には，同じような働きかけを行っていたとしても，教職員全員で意図を明確にして取り組んでいる学校とそうではない学校とでは，子どもたちの学校への安心感や適応感に大きな差が見られています。

4.　日本とアメリカの教職員の意識差

（1）日本の教職員の「生徒指導」に対するイメージ

　ところで，生徒指導が3層構造であるとしても，実際，子どもに直接指導を

する教職員の生徒指導に対するイメージはどのようなものなのでしょうか。

この疑問に対する回答を得るために，筆者は全国のさまざまな地域における公立小中高等学校の教職員，計6,584名に生徒指導（というネーミング）に対する印象を色に置き換えたイメージ調査を行いました。

なぜ，色に置き換えたのかというと，生徒指導の意義や3層構造を頭では理解をしていたとしても，実際の生徒指導に対しては，無意識的にどのようなイメージをもたれているのかを確認するためです。

集約においては，質問紙に回答された色を，色の三属性を踏まえて，赤，黄，緑，青，紫，のように色味のある有彩色と，白，黒，グレーのように色味のない無彩色の2種類に分類しました。さらに，有彩色を暖色（赤，だいだい，黄などのように暖かそうな色），寒色（青緑，青，青紫などの冷たさを感じさせる色），中性色（どちらにも属さない黄緑，紫などの色）に分類しました。また，選んだ色の理由について，有彩色（暖色）と無彩色で，肯定的な回答と否定的な回答にそれぞれ分類して整理することを試みました。

その結果，「生徒指導」に対するイメージ色の分類比の全体傾向は，無彩色が約4割を占めていることが確認できました。

表2　「生徒指導の色」の
分類と回答数

色の分類等	回答数
有彩色（暖色）	2,135
有彩色（寒色）	1,155
有彩色（中性色）	458
無彩色	2,775
無効回答数	61
有効回答総数	6,523

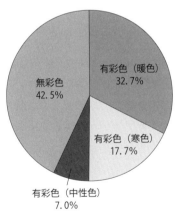

図5　「生徒指導」に対するイメージ色の分類比（全体）（%）

また，「生徒指導」に対するイメージは，中学校や高等学校で，また，さまざまな経験を経て，学校の中心的な立場になると，「生徒指導」に対するイメージがどちらかというと否定的な傾向が見えなくはないことも確認できました。このことは，日々の活動において，課題対応に追われていることによる心象の変化のみではないと考えます。教師を志した人は誰でも，授業を含めた子どもの健全育成（「ハインリッヒの法則」の300の部分）に興味を抱いていたことと思います。

　しかし，経験年数を経るということは，それだけ生徒指導に関する研修などを受ける機会が多いということでもあり，その研修の内容が課題対応に特化したものであると，当然，教職員の「生徒指導」に対するイメージは否定的なものになると思われます。

（2）アメリカの教員の Classroom management と PBIS に対するイメージ

　では，アメリカの教職員はどうでしょうか。もちろん，アメリカには日本の「生徒指導」という概念はありません。しかし，ここまで確認をしてきたように，アメリカの PBIS は日本の生徒指導と同様にフレームワークが３層構造であり，予防と支援の考え方が日本の生徒指導に類似していました。

　そこで，筆者は，カリフォルニア州の初等中等教育の学校に勤務をされている教職員に PBIS に対する印象を日本で行った調査同様に，色に置き換えたイメージ調査を行う計画を立てました。しかし，コロナ禍の影響により，カリフォルニア州での本調査を断念せざるを得ませんでした。

　そのため，本節では本調査に向けてカリフォルニア州の初等中等教育の学校および大学に勤務をされている教職員に行ったプレ調査結果の一部をあくまでも参考資料として紹介をしたいと思います。

　※プレ調査ではモントレー地区の大学教員にも行いました。

プレ調査の概要は次のとおりです。

【プレ調査の概要】

○プレ調査期間：2019年8月〜9月

○調査地域：カリフォルニア州モントレー地区

○被調査者：初等中等教育学校および高等教育機関に勤務している教職員

○調査方法：e-mail 等による

○調査内容

　質問1：PBIS についてのイメージを色でたとえると何色ですか？

　　　　　（When you think about "PBIS", what color do you have in your mind？）

　質問2：その色を選んだ理由は？

　　　　　（Please tell why you choose the color.）

○プレ調査結果（参考）

◇被調査者①（男性 / 中学校職員 / 勤務歴4年 / 地域連携担当者）

回答1：青

回答2：青は空を思い出させるから。空は幸福の象徴。

◇被調査者②（女性 / 中学校職員 / 勤務歴5年 / 学習支援員）

回答1：青と金

回答2：スクールカラーだから。PBIS はご褒美と関連づけるように，肯
　　　　定的なことをしている。

◇被調査者③（女性 / 中学校職員 / 勤務歴1年 / スクールカウンセラー）

回答1：青

回答2：青はポジティブで平和なものを表すから。

◇被調査者④（女性 / 中学校職員 / 勤務歴 5 年 / 家庭支援専門員）

回答 1：青

回答 2：落ち着く色だから。

◇被調査者⑤（女性 / 小学校職員 / 勤務歴23年 / 校長）

回答 1：茶と黒

回答 2：残念だけど，黒と茶色の子どもたちが差別されているこの国の雰囲気があるから。

◇被調査者⑥（女性 / 小学校職員 / 勤務歴19年 / 教員）

回答 1：緑

回答 2：緑は学ぶ準備ができています。もし，緑なら，思慮深く，学習の準備ができているから。

◇被調査者⑦（女性 / 小学校職員 / 勤務歴20年 / 教員）

回答 1：白

回答 2：先生が明るくなければ，子どもたちも明るくはならなない。また，職員室がすがすがしく，風通しを良くするためにオープンにさせることも大事である。

◇被調査者⑧（女性 / 大学教員 / 勤務歴15年 / 准教授）

回答 1：黒

回答 2：どんよりした暗いイメージがあるから。

◇被調査者⑨（男性 / 大学教員 / 勤務歴22年 / 准教授）

回答 1：水色（空色）

回答 2：子どもを良い方向に導くイメージだから。

◇被調査者⑩（女性／大学教員／勤務歴9年／准教授）

回答1：白

回答2：いつも純粋な気持ちで教育をしたいから。

◇被調査者⑪（女性／大学教員／勤務歴12年／准教授）

回答1：明るい青

回答2：子どもへの指導は，爽やかなほうが良いと思うから。

　以上，プレ調査の一部を参考までに紹介したまでですので，特に分析等は行いませんが，カリフォルニア州モントレー地区の一部教職員は，PBISにおける子どもへの指導・支援に対しては期待されていることがうかがえます。しかし，否定的なイメージを抱かれていることも否めないかもしれません。

5.　日本への示唆

　本章では，アメリカのClassroom managementとPBISについて，それぞれの概念や目的等について確認をしてみました。

　Classroom managementについては，授業を充実したものにすることを目的として，教師は教室環境の整備や子どもたちの意欲を育むための行動をしていることがわかりました。日本でも，学習指導の時間に子どもたちの意欲など，彼らの非認知的能力の部分を育む働きかけをするなどして，生徒指導の充実を図ることが改訂された学習指導要領に明記されました。したがって，Classroom managementと生徒指導は同じ方向を目指していることがわかります。

　また，アメリカのPBISと日本の生徒指導はともにフレームワークが3層であり，それぞれの層の子どもたちへの支援内容や予防に対する考え方が類似していました。そして，アメリカでの調査はあくまでも参考レベルですが，生徒指導とアメリカのPBISに対する教職員のイメージは，否定的な部分を抱いていることも否めないことが見受けられました。

そこで，学校現場に生徒指導の本来の意義を踏まえた教育活動を教職員全員で推進していくために，「生徒指導」に関する教職員研修のあり方を考える必要があると考えます。なぜならば，この調査からもわかるように，「生徒指導」というネーミングには否定的なイメージが多く含まれるということが確認できました。そのため，「生徒指導」という冠が付いた教職員研修において，たとえ，子どもの健全育成的な内容を計画したとしても，適切な指導の効果に結び付くとは限らないからです。むしろ，「生徒指導」という枠の中で進める必要はないのではないでしょうか。管理職研修や年次研修，また教務主任研修などに，授業を含めたあらゆる教育に生徒指導の視点をこれまで以上に組み込むような研修の計画を立てることが必要であると考えます。

　「生徒指導」の負のイメージを払拭しつつも，生徒指導のエッセンスを入れた研修は，「生徒指導」という冠を外し，必ずしも生徒指導の担当者を対象とはしないことが大切でしょう。なぜならば，生徒指導はあくまでも全ての教育活動の機能，換言するならば，黒子の役割であると考えるからです。

（3章担当　藤平 敦）

注

1　https://www.weareteachers.com/what-is-classroom-management/
2　https://www.pbis.org/pbis/getting-started

参考文献

・国立教育政策研究所『生徒指導リーフ「教育的予防」と「治療的予防」』平成24年6月。
・国立教育政策研究所『生徒指導リーフ　いじめの未然防止Ⅰ』平成24年9月。
・国立教育政策研究所『生徒指導リーフ増刊号　いじめのない学校づくり―「学校いじめ防止基本方針」策定Q＆A―』平成25年11月。
・文部科学省『生徒指導提要』平成22年3月。
・文部省『生徒指導の手びき』1965年。
・文部省『生徒指導の手引（改訂版）』1981年。
・文部省『生徒指導資料 第2集　生徒指導の実践上の諸問題とその解明』1966年。
・文部省『生徒指導資料 第5集　生徒理解に関する諸問題』1969年。

4 規則や懲戒制度は どう変化しているのか

1. どんな規則があるのか？

　アメリカと日本の規則や懲戒制度を対比してみましょう。アメリカは，キリスト教に由来する懲罰的な文化を背景にもち，多様な人種や文化から成る国ゆえ学校の規律を維持することに苦しんできました。それは今も過去のものになったわけでなく，そのため現在は明確な規則とそれとセットで懲戒制度を設けていることが一般的です。これに対して日本では，温和な児童観を文化的基盤にもつこともあって，規則は備えているものの曖昧なものが多いと言ってよいでしょう。懲戒制度もあるにはあるのですが機能せず，しんどい学校では規律の維持が難しく，苦労しています。簡単に比較してみると，そんなところでしょうか。

　数年前，ブラック校則という言葉が，わが国のマスコミで取り上げられました。ブラック校則とは，学校外の一般社会では見られないような理不尽な規則のことです。ブラック校則という言葉を使わずとも，あまり意味をなさない厳しい規則や細かすぎる規則が学校にはあるということ，一部の学校ではその規則に従わないと意に沿わない指導を受けることがあること，これらはよく知られているところです。

　校則について，『生徒指導提要』（文部科学省）では，次のように記しています。

　校則には，学業時刻や児童会・生徒会活動などに関する規則だけでなく，服装，頭髪，校内外の生活に関する事項など，様々なものが含まれています。校則の内容は，社

会通念に照らして合理的とみられる範囲内で，学校や地域の実態に応じて適切に定められることとなるので，全国一律の校則があるわけではありません。学校種や児童生徒の実情，地域の状況，校風など，学校がその特色を生かし，創意工夫ある定め方ができます。

　学校の規則については，創意工夫ある定め方ができることになっているわけです。具体例としては下記のような校則の例が示されています。

【わが国に見る校則内容例】

- ・通学に関するもの（登下校の時間，自転車・オートバイの使用等）
- ・校内生活に関するもの（授業時間，給食，環境美化，あいさつ等）
- ・服装，髪型に関するもの（制服や体操着の着用，パーマ・脱色，化粧等）
- ・所持品に関するもの（不要物，金銭等）
- ・欠席や早退等の手続き，欠課の扱い，考査に関するもの
- ・校外生活に関するもの（交通安全，校外での遊び，アルバイト等）

　わが国では規則に対して，一般に，厳しく締め付けるもの，つまり管理的なものとみなす傾向が強いようです。前もって規則を明確に伝えておかなかったことによって，事後に問題となるケースも少なくありません。

　一方，アメリカの学校にはどんな規則があるのでしょうか。

【アメリカに見る校則内容例】

- ・教師や友人に対する不敬や猥褻で不愉快な口汚い言葉やジェスチュア等のハラスメントやいじめ（電子コミュニケーション含む）に関するもの
- ・遅刻に関するもの
- ・不服従な行動に関するもの
- ・暴力行為や公共物の破損に関するもの
- ・他者の健康や安全を害する脅しに関するもの
- ・違法な物質（薬物等）の所持・武器の所持に関するもの

・銃器や破壊的なデバイスの校内への持ち込みに関するもの
・性的違反に関するもの

　アメリカでは，学校の規則は，学校という小社会にとって不可欠なものであるとみなされ，学校を統治する上で重要な柱となっています。近年，家庭にロールモデルのいない子どもが増えていると言われていますが，そうした子どもにも学校の規則は，社会の規範意識や倫理観を教える一つの方策だとも考えられているのです。

　学区教育委員会単位で確認した規則が，**資料1**に見るようなスチューデント・ハンドブックに示され，毎年，子どもや保護者に配布されます。一般には，上記の【アメリカに見る校則内容例】のように教員や友人に対する暴言，喧嘩や盗難，銃，薬物といった内容が含まれています。

　いじめについては，いじめとして項目を立てるところもありますが，暴言やジェスチュアの項目で対応する学区もあれば，他者の健康や安全を害する脅しの項目で対応する学区もあります。中指を立てる動作も，侮蔑的な意味合いを含んだジェスチュアなので懲戒の対象となります。

　わが国でよく子どもたちから不満が出る，髪型や髪の色，シャツや靴下の色といったものについては，アメリカの規則で見かけることはまずありません。生まれつき身体のつくりがそれぞれに違う人々から成り，多様な人種が集まった国がアメリカなので，髪型や髪の色は規制しようにも，髪の毛の差異自体が当たり前

資料1　スチューデント・ハンドブック表紙

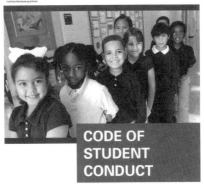

のことであり，規制するようなものではありません。例えば編み込みのある独特のヘアスタイルも，その民族にとっては伝統的なものであり，それを奇妙な目で見る人もいなければ，通常は指導の対象にすることもありません。パーマを規制しようにも，人種によってはもともとカールが強い髪質であったりするわけで，それが生まれつきのものなのかをチェックしたとしても何ら意味をもちません。

　ピアスについても，宗教的な意味で幼い頃から装着している子どもも少なくないため，通常は規制の対象となりません。タトゥも，入れてしまった場合はできるだけ服で隠すよう指導することもありますが，一般には懲戒の対象ではありません。

　すなわち，わが国の生徒指導で問題となるような髪型や髪の色，ピアス，服装，靴下の色などについては，そもそも規制しようとする発想そのものもなければ，実際そうした規制もないというのがアメリカの学校ということになります（一部にはあります）。

　服装が規則に含まれる場合は，性的な観点からや社会的な観点から不適切だと判断されるものに限られます。例えば，胸部や腹部など身体の露出のある服装や残忍な歴史を想起させるナチスの制服に似た服装などは不適切だと判断されます。いずれにしても明確な理由があるものに限られます。

　日本のように一律の定められた制服ではなく，自由な服装での登校が一般的で，ポロシャツとズボンの組み合わせのユニフォーム，つまり制服を採用する学校は一部ありますが，そうした学校は少数です。ただし，その着方などは自由です。つまり，教員が服装チェックやその指導に時間やエネルギーを費やさないのがアメリカの学校です。

2.　金属探知機と警官

　金属探知機と警官もアメリカの学校を象徴するものだと思われるので，ここで簡単に触れておきましょう。金属探知機はアメリカではどの学校にもあると

いうイメージがあるかもしれません。しかしながら，それは間違いで，実際にはそれほど見かけることはありません。むしろ少数派と言ってよいでしょう。

　また，金属探知機を備え付けていると，「危険な学校である」というように思うかもしれませんが，これも必ずしもそうではありません。予想に反して，裕福で安全な地域の学校が備えていたりもします。というのは，備え付けの金属探知機をエントランスに完備するにはかなりの費用がかかりますし，金属探知機でチェックするための警備員を配置するための人件費も必要になるからです。オルタナティブ・スクールのような小さな学校では，空港にあるような備え付けの金属探知機ではなく，費用の点から**資料2**に見るような簡易型の金属探知機を使用しています。

　次に，警官が学校に在駐しているかどうかについてですが，それは地域によってあるいは学校によって異なります。警官が1 〜 3名程度常駐している学校，定期的に巡回する学校，巡回もない学校など，さまざまです（**資料3**）。例えば，2001年に9.11テロのあったニューヨーク市などでは，学校ごとに警官が2 〜 3名配置されており警備が厳重ですが，市の財政状況によって他でも同じというわけにはいきません。ただ，トラブルが発生すれば，すぐにパトカーがサイレンを鳴らして駆けつける点は他の地域でも共通しています。そのほか，警備会社と契約して，警官ではなく民間の警備員を常駐させている学校もあります。

　アメリカの学校で警官や警備員がいるのは特異なことではなく，まさに日常

資料2　簡易型の金属探知機

資料3　校内の警官

の一風景だといえます。安全への捉え方が，わが国とは違うのです。わが国では，「警官がいるなんて，とんでもなく危ない学校！」という見方がなされると思いますが，反対にアメリカでは「警官がいると何かあったら守ってもらえる，安心な学校！」と，ほぼ真逆の見方がなされます。

　筆者は，わが国でも警官や警備員が学校を巡回することを，学校によっては考えてもよいのではないかと考えています。学校でこれだけいじめ事案（いじめとはいえ，暴行や恐喝等も含まれる）が発生しており，自死する子どもが絶えない現状があるからです。安全・安心に不安のある学校では，常駐でなくとも定期的に警官や警備員が巡回すれば，抑止効果が期待できるかもしれません。もっとも必要ない学校が多くを占めるでしょうが。

3.　懲戒制度はどうなっているのか？

　アメリカの懲戒制度の一例として，2019-2020年のアラバマ州ホームウッド市（アメリカ南部に位置）の規則および懲戒制度（Code of Student Conduct）を**表1**に示しました。規則違反行為やそれに対する懲戒は，郡や学区あるいは学校の施策や財政的事情によってそれぞれ異なりますが，表1はごく一般的に見られるものです。懲戒は，通常その重さや繰り返しの程度に対する応報的なもので，4〜5段階に分けられています。

　では具体的には，どのような懲戒があるのでしょうか。多くの州では懲戒の手段として，タイムアウト（Time-Out）やディテンション（Detention），学内停学／学外停学（In School　Suspension/Out of School Suspension），オルタナティブ・スクールへの一時的転学，退学（Expulsion）等が一般に用いられています。

　タイムアウトは，わが国では馴染みがないかもしれませんが，アメリカの幼稚園や小学校の低学年でよく使われるもので，高ぶった感情を同じ教室内ないしは別室でクールダウンさせるものです。また，ディテンションは別室で短時間の間，学習を課したり，昼食時にランチルームではなく教室あるいは校長室で食べさせたりするなど，一時的に他の子どもと切り離すことによって反省を

促す懲戒のことです。

　学外停学はわが国でも高校段階では時々使われるので，イメージできると思いますが，学内停学は少しイメージしにくいかもしれません。これは，3日〜1週間程度の期間，学校内の別室（学内停学ルーム）で，自習課題に取り組むことに加え，カウンセリングやソーシャル・スキル・トレーニング等のプログラムを受ける懲戒です。各教科の教員から学習課題も出されますが，それらを含めて指導するのは，学内停学ルームに配置されている専任教員です。また，ランチルームの使用は，他の子どもとランチの時間が重ならないようにずらしています。

　聞きなれないオルタナティブ・スクール（代替の学校）送りとは，暴力行為や薬物使用等の場合，警察との連携の上，本来通う学校とは別のオルタナティブ・スクールという公立の学校に登校することを命じられることを言います。学校規模としては数十人程度と非常に小さく，期間は事案によってまた学校によって異なりますが，45日程度を目安に入れ替わり，銃や薬物の使用など重大な違反の場合は，1年程度の期間になることもあります。

　カウンセラーやソーシャルワーカーからアンガー・マネジメントや薬物教育、特に女子にはポジティブ・ボディイメージ（自分の体に対する前向きなイメージ）などのプログラムやカウンセリングを個別にあるいは集団で行うことに加え，通常の学習も行われます。規模が小さいために教科教員が揃わない科目についてはオンラインでの授業を利用したりもします。

　勤務するカウンセラーやサイコロジスト，監視カメラの数が通常の学校（通常の学校では，玄関や廊下などに設置することが多い）よりも多く，簡易な金属探知機を備えているところも多いようです。薬物の使用で裁判所から直接オルタナティブ・スクールに送られてくる子どもには，薬物関係者等との接触を監視する目的で足に GPS（位置を測定するためのシステム）を装着することや尿検査を受けることなどが義務づけられていることもあります。

　オルタナティブ・スクールから元の学校や次の学校に移った際には，スクールカウンセラーとスクールソーシャルワーカーがペアで，週1回程度訪れて

フォローアップするところもあります（オルタナティブ・スクールには，規律問題に対応した学校だけでなく，普通の学校では適応しにくい子どもを対象にしているところもあります。5章を参照）。いずれにしても，懲戒を行う際は管理職に保護者とコンタクトをとることが義務づけられるなど，懲戒に至るまでの手続きも決められています。なお，学校への「遅刻」は，表1に見るように懲戒の対象です。

表1　生徒懲戒制度の例

段階	違反行為（例）	1回目の違反に対する懲戒	2回以上の違反に対する懲戒
I	・教室や集会等での妨害 ・遅刻 ・下品な言葉やジェスチュアの使用 ・不適切な服装 ・学校施設の毀損，等	・学内での面談 ・タイムアウト ・ディテンション	・タイムアウト ・ディテンション ・学内停学 ・1日から3日の停学 ※繰り返すとIIの処分が下される
II	・脅迫・ハラスメント・いじめ ・喧嘩 ・窃盗 ・ギャンブル ・教師等に対する不敬な言動 ・ポケットナイフの所持，等	・ディテンション ・学内停学 ・1日から3日の学外停学	・学内停学 ・1日から3日の学外停学 ・オルタナティブ・スクール送り ※3回目からはIIIの処分となる
III	・セクハラ ・ストーカー ・強盗 ・ドラッグやアルコールの所持	・10日までの学外停学 ・オルタナティブ・スクール送り ・退学	・オルタナティブ・スクール送り ・退学
IV	・レイプ ・銃の所持 ・放火	・退学	

出典：Code of Student Conduct 2018-2019, Homewood Board of Education, Alabama より片山が編集。

ところで，わが国では規則やその懲戒をめぐって納得がいかず，学校と子どもや保護者の間でトラブルになることがあります。どうしてそうなるのでしょうか。理由はいろいろあるでしょうが，その一つは事前に規則が子どもや保護者に十分周知されていないからだと思われます。

　アメリカでは，入学前から規則をホームページで確認できますし，それを確認して納得した上で入学することになります。もし，入学前にその学校の規則は合わないという場合は，他の学校に入学すればよいのです。入学すると規則の記載されたスチューデント・ハンドブックを子ども（保護者）に配布します。ですから，規則は直接紙ベースでも確認できるのです。

　アメリカは，知られるように契約社会ですから，保護者はスチューデント・ハンドブックの内容に納得すれば，了承のサインをして学校に提出します。年度当初に，学校と保護者の契約が整うことになります。入学後，なかなか保護者が規則にサインをしないといったことが起これば，校長は何度も保護者を呼び出し，説明をしてサインしてもらうよう努めます。それでも合意が得られなければ，学校を替わってもらうこともあります。

　わが国で，規則に対して理解が得られなかったり，トラブルが発生したりする理由の二つ目は，規則が学校と子どもや保護者，教育委員会等によって，広く協議されたものでなく，学校側から一方的に提示されたものとして受け止められているからではないでしょうか。つまり，子どもや保護者と協議するプロセスを欠いていたり，十分に周知することを欠いていたりするため，納得が得られていないことが考えられます。直接指導に携わる教員ですら規則に納得していないこともあり，指導に差が生じることも珍しくありません。

　アメリカでは，具体的な規則や生徒懲戒についても，各州そして各学区・各学校に任されています。そのため，施策もそれぞれ地域によって異なります。ただほとんどの州で，各学区教育委員会が学校の学習環境の維持を目的に保護者や弁護士を含めて協議し，規則を定めています。各学校では，その規則に応じて生徒懲戒を厳格に行いますが，そのプロセスでは管理職やスクールカウンセラー，スクールサイコロジスト等が，チームで関わります（2章参照）。

多様な人種あるいは民族から成っていることや子どもの背後にある家庭の格差が大きいことがアメリカの学校の特徴です。それゆえ，多様な考えをもつ保護者にも説明できる規則とし，理解が得られるように規則を制定することが必要不可欠となっています。

わが国でよく聞く，教師に対する暴言「死ね」「消えろよ」等は，アメリカの学校では教師に対する「不敬意」とみなされるので，たとえそれが小学生からなされたものであったとしても，懲戒の対象となり，学外停学の処分が課されます（特別な支援を要する子どもについては，その行為が障害から生じる場合は別）。また，教師に暴力行為を行って負傷させた場合は退学の処分が一般的です。

いじめについて，校長や教頭に聞くと，わが国同様に「判断がとても難しい」と言います。わが国と違って，いじめを受けた本人が文書に概要を記して校長に申し出るシステムを採用したりもしていますが，いずれにしても校長あるいは教頭は，双方を呼んで事実確認をし，いじめが「繰り返し」行われ，止まない場合は，懲戒を行います。懲戒に処すわけですから，事実確認つまり聞き取りを丁寧に行います。

わが国と違って，懲戒は毅然となされます。また，担任は聞き取りも含めて懲戒には関わりません。アメリカの学校では，学校環境を整え，規律を維持することは校長や教頭，つまり管理職の仕事であり，責任も管理職にあるということになります。

4. 具体的な懲戒に至るプロセスは？

アメリカの学校で，子どもが規則に違反した場合，懲戒に至る流れはどうなっているのでしょうか。子どもの問題行動が一定の限度を超えたと判断されると，教師はその行動を**資料4**に示すような所定の用紙に記入し，校長あるいは教頭（校長より教頭のことが多い）へ渡します。一方，子どもは，原則すぐに校長または教頭のオフィスへ行くよう促されます。ここまでの一連の動きを「照会」と言います。

資料4　照会用紙（一例）

Elementary Office Referral Form

Student Name(first & last):	Male (circle) Female	Student ID:	Date:
Referring Staff (first & last):	Student H.R./Team:	Grade:	Time:

Briefly Describe Problem (attach additional page if necessary):

Location:	Problem Behavior:	Possible Motivation	Prior Consequences
❏Classroom	**Minor(check one):**	**(check one):**	**(check all that apply):**
❏Playground	❏Inappropriate Language	❏ Obtain Peer Attention	❏Verbal Prompt
❏Common Area	❏Physical Contact	❏ Obtain Adult Attention	❏Verbal Warning
❏Hallway	❏Defiance/Disrespect	❏Obtain Items/Activity	❏Re-taught Behavior
❏Cafeteria	❏Disruption	❏Avoid Task/Activity	❏Confer. w/ student
❏Bathroom	❏Property Misuse	❏Avoid Peers	❏Time Out
❏Gym	❏Dress Code	❏Avoid Adults	❏Changed Seating
❏Library/Media	❏ Technology Violation	❏Unknown Motivation	❏Buddy Room
❏Bus Loading Zone	❏Other:	❏Other Motivation	❏Loss of Privilege
❏Parking Lot	**Major(check one):**		❏Parent Contact
❏Bus#_____	❏Abusive Language	**Others Involved**	Date: _____
❏Special Event	❏Fighting/Phy. Aggression	**(check one):**	❏Conf. w/ Parent
❏ Off Campus	❏Defiance/Disrespect	❏No One	Date: _____
❏Office	❏Lying/Cheating	❏Peers	
	❏Harassment/Bullying	❏Staff	❏Other:
	❏Disruption	❏Teacher	
	❏Tardy to school	❏Substitute	Parent/Guardian
	❏Property Damage	❏Unknown	Name:
	❏Forgery/Theft/Plagiarism	❏Other:	
	❏Dress Code		_____
	❏Illegal Substances	**Seclusion/Restraint**	
	❏Weapons	❏Seclusion	Phone #:
	❏ Technology Violation	❏Restraint	
	❏Other Behavior:	❏Seclusion & Restraint	

------------------------------------School Administrator Use Only--

Action Taken (check all that apply & circle most significant)

❏Conference with Student	❏Loss of Privileges	❏Restitution
❏ Parent Contact	❏Timeout/Detention	❏Bus Suspension (# days)_____
❏ Time in Office	❏Individualized Instruction	❏Learning Center/ISS
❏Alternative Placement	❏Consider for Behavior Support	❏OSS (# days)_____
❏ Changed Seat	❏ Other Decision: _____	

Comments:

Parent Signature: _____   Administrative Signature: _____

Distribution:　　White-Office　　　Yellow-Referring Staff　　　Pink-Parent　　　　　Data Entry: _____

照会の後，生徒への尋問がなされ，教頭等はスクールカウンセラー等を入れたチームで検討し，どのような対応や懲戒が適当であるのか，過去の履歴も含めて勘案し，判断を下します。懲戒の程度としては軽いディテンションを含め，その前後に保護者に連絡がなされます。連絡自体は電話でなされますが，その後，学校に呼んで懲戒の説明を直接行います。わが国のように，子どもに問題が生じた際，教員が家庭訪問をするなどということはありません。

5. 懲戒をめぐる問題点は？

では，アメリカの学校では，どういった子どもに懲戒リスクが高いのでしょうか。筆者は主に1970年代以降の論文を精査してみましたが，最も大きく差異が見出せたのは「性」および「人種」でした。具体的には，男子でかつアフリカ系アメリカ人の子どもは懲戒のリスクが顕著に高いものとなっていました。

またそれに加えて，「貧困」家庭にあるかどうか，「低学力」であるかどうか，「障害」があるかどうかが，懲戒リスクとして検出されました。こうした傾向については，現在においても大きな変化はありません。

2010-2014年度に，ニューハンプシャー州（アメリカ北東部に位置）で行ったGagnon等の調査によれば，ハイリスクの子どもとして，男子やアフリカ系アメリカ人，障害をもっている子ども，ホームレスの子ども，半額や無償のランチの子どもが挙がっています。また，調査にあたって彼らは学区を四つ（都市部／郊外／町／田舎）に分けていますが，都市部は学内停学が13.7％であったのに対して，町では5.9％となっており，都市部の学内停学率が顕著に高いことが示されました。調査結果を表すキーワードは，男子，アフリカ系アメリカ人，貧困，都市部でした。

こうした証左を示しつつ，排他的な規律は特定の子どもにリスクが高いこと，都市部学区において排他的な規律の使用頻度が高いこと，そうした規律政策は検討の必要があることを指摘しています。

社会経済的に不利な状態にある子どもが，懲戒に処され，学校からドロップ

アウトする傾向は，ゼロ・トレランス政策が強化された1990年代からさらに顕著になりました。つまり，「不利な立場」にある子どもは，以前にも増してより一層厳しく懲戒に処せられるようになったのです。

その結果，もともと人々の中にくすぶっていた生徒懲戒への視線が厳しくなり，生徒懲戒が不公平であるといった指摘や非難がなされ，表立って議論されることとなりました。具体的には，「ゼロ・トレランス政策は，学校の安全に効果的だという証拠もなしに停学や退学といった形で多くの若者を学校から締め出してきた。停学や他の学校の規律のあり方が，学校を卒業できないことと結び付いている」といった批判です。

懲戒制度を整え，対応が不公平にならないように，あるいは恣意的なものにならないように図っている学校や学区ですら，子どもが学校の罰を受ける際にどの程度の行為で罰するのかは，人種により不平等なものとなっていました。

ホワイトの子どもたちは，喫煙や卑猥な言語，妨害などの理由で管理職のオフィスに行くようにと照会がなされますが，これとは対照的にアフリカ系アメリカ人の子どもたちは，軽蔑する，過度の雑音を立てる，脅威を与える，うろつくといった理由のために照会がなされます。

つまり，アフリカ系アメリカ人の子どものほうが軽微な行為で管理職のオフィスに行くように命じられるのです。

学校で起きる誤った行為について，リスクの高い子どもたちについて，あまりにも多くが警察に送り込まれたり，公的な法のシステムに組み込まれたりしており，「学校から刑務所へのパイプライン（school-to-prison pipeline）」と揶揄されるなど，排他的な規律やゼロ・トレランス政策への拒絶は決して小さくありません。

過度に厳しい規律政策あるいは排他的な規律政策をとっても有害無益であり，問題のある子どもを追い出せば学校はうまくいくというのは「幻想」だという指摘もあります。適用を誤れば，むしろ懲戒が社会経済的に不利な立場にある子どもを学校から締め出すための「引き金」，あるいは「触媒」の働きをすることにもなってしまうからです。

6. 規則や懲戒を事前に明示することによる正と負の両側面

　規則や懲戒をハンドブックやホームページで事前に明示することには，正の側面と負の側面とが考えられます。どういうことでしょうか。

　2019年3月，東部に位置するウエストバージニア州 Wayne 郡教育委員会を訪れ，規則や懲戒についてインタビューを行いました。その際，対応した指導主事は，**表1**（74頁）や**表2**（85頁）のような規則と懲戒が一つにまとめられたものを，「マトリックス（格子）」と呼んでいました。指導主事に規則や懲戒を事前に明示することの正の側面について尋ねると，「ガイドラインがマトリックスで明確に示されていることで，管理職は可能な限り公平に，そして客観的な基準をもとに，その後の対応を判断することができる。さらには，子どもや保護者に懲戒の根拠を説明することができる」と解説しました。つまり，もし明確な懲戒基準がなければ，恣意的な懲戒を行使してしまう惧れがあるだけでなく，子どもや保護者にも明確な説明ができないと言うのです。

　わが国では，生徒指導をめぐって保護者とトラブルになることがよくあり，そのたびに担当教員は憔悴しています。しかし，このようなガイドラインないしは基準があれば，事前周知の意味をもつだけでなく，それに則って説明ができるため，余計なトラブルも起こりにくくなります。

　一方，規則や懲戒が明確になっていることで，負の側面もあると先の指導主事は言います。問題行動が生じれば，子どもの置かれた状況など背景が多様であるにもかかわらず，懲戒を毅然と一律に行使しなければならなくなる点です。懲戒基準を明確に示すことで自縄自縛に陥り，身動きがとりにくくなります。そうした負の側面があることは否めません。

7. 障害のある子は懲戒の対象になるのか？

　障害のある子どもは，懲戒の対象になるのでしょうか。結論から言うと，懲

戒の対象になります。原則として障害をもった子どもに対しても，懲戒は行われるのです。ただし，その行為が，障害があることによって生じた場合は，懲戒の対象とはなりません。

アメリカでは，1975年に「個別障害者教育法」が成立しました。改正された2004年の「個別障害者教育法」では，「知的障害」，「難聴（聾を含む）」，「言語障害」，「視覚障害（盲を含む）」，「（重篤な）情緒障害」，「肢体不自由（整形外科的障害）」，「自閉症」，「外傷性脳損傷」，「その他の健康障害」，「特異的学習障害」と「特殊教育と関連サービスを必要とする者」，さらに3歳から9歳においては「発達の遅れ」がその対象に，また施行規則において「盲ろう」と「重複障害」が加えられ，支援の対象となっています。

対象となっている子どもには，個別教育プログラム（IEP：Individualized Education Program），つまり子どもの特別なニーズを満たすために一人一人に文書を作成し指導することが，「個別障害者教育法」で定められています。個別計画を立てる際には，チームで協議し，そのチームには保護者や必要であれば本人も入ることになっています。

さて，わが国の少年院等で非行少年と関わった経験をもつ精神科医の宮口は，著書『ケーキの切れない非行少年たち』で，次のように障害のある子どもへの罰に警告を発しています。「厳しい処遇をされても，知的なハンディを抱える少年は理解できず，暴れるなどの不適応行動を繰り返します」，「そもそも弱い存在である，障害のある少年に厳しい処遇をするとどうなるか。多くはうつ病のような状態になったり，精神的疾患を発症したりして，精神科薬で対処することになってしまうのです。本来なら必要でなかった精神科病院への通院を余儀なくされるなど，われわれ大人が彼らの人生を台無しにしてしまっているのです」と。

筆者が少年院を訪問した際も，法務教官が「問題行動を行う背景には発達障害の影響が小さくない。例えば，行動訓練をした時などに，微妙に他の人と行動がずれてしまい，なんらかの障害があるのではないかと気づくことがよくある。発達障害などと判定されているわけではないが」と口にするのを何度か聞

いたことがあります。発達障害と非行の関連が見落とされがちであったことが
うかがえるつぶやきです。

　一般に，問題行動を繰り返す少年たちのイメージといえば，「なんと凶悪な
子どもなのだろう。こわい」といったものになるかと思います。しかし，障害
があるために理解できなかったり，認知の歪みがあったりするからこそ，問題
行動を起こしてしまうこともあるのです。こうした点を踏まえると，そうした
子どもに適したプログラムを提供することをわが国でももっと積極的に考えて
いくべきだと思います。

8. 体罰はかつて認められていたが，今は禁止して いるところが多い

　アメリカの体罰の歴史を振り返ってみましょう。かつてアメリカでは，懲戒
手段として体罰を許容していました。マーク・トゥエインによって，1876年に
発表された小説『トム・ソーヤの冒険』には，主人公のトムがドビンズ先生か
ら鞭で打たれるシーンが何度も登場します。少し覗いてみましょう（以下，筆者
が解説を加え，短くまとめたものである）。

　主人公のトマス・ソーヤ（通称トム）の担任であるドビンズ先生は，もともと
医者になるのが夢でした。ドビンズ先生はその夢をなかなか捨て切れず，自習
の時など教室の机の引出しに隠しておいた医学書を読みふける習慣がありまし
た。

　子どもたちは決して覗き見ることができないその医学書を，トムの大好きな
女の子ベッキーが，ある時盗み見てしまうのです。その現場を，偶然トムに見
つかってしまったベッキーは，その医学書を元に戻そうと思ったのですが，慌
てていたために誤って破ってしまいます。

　とんでもないことをしてしまったことに驚き，窮したベッキーは，トムに向
かって次のように言います。「トム，どうせあんたは先生に言いつけるん

しょう？ そうでしょう。ああ，どうしよう！ ほんとにどうしたらいいの！ 私，鞭で打たれるわ！ 今まで学校で打たれたことなんかないのに……」。

　ベッキーは，悪いことをしてしまったと自覚した時点で，反射的に頭の中が打たれる自分の姿で既にいっぱいになっています。これを見かねたトムが，ベッキーの替わりにその咎めを男らしく買って出て，ドビンズ先生から懲らしめの罰を受けるのです。「トムはベッキーに代わってあげた自分の行為を誇りに思っていたので，定評あるドビンズ先生の無情な罰も叫び声一つあげず受けた」と。

　おきまりであった鞭打ちの儀式が，学校生活の中で，ごく自然に子どもたちに受け入れられていたことがうかがえます。このような鞭を使ったせっかん行為は，キリスト教に由来する子どもの誤った行為を矯正するためのもので，初期アメリカの時代から教育の場においては日常的に使われてきたものです。

　その後，体罰は児童虐待ではないのかといった見方が小児科医からなされるようになったこともあって，20世紀後半以降になると，教員の誰もに体罰が許されていた時代から，校長のみに体罰を行使することが許される，体罰の道具は**資料5**に見るようなパドルという木の板に制限される（大きさや厚さなど形状が学区によって決められている），体罰を行使するには親の承諾を必要とする，など条件つきで許される体罰の時代に移行していきました。やがて，教育の場において日常的に用いられてきた体罰の地位は瞭然と低下し，州レベルで体罰を廃止した州は，1980年代後半から90年代前半にかけて激増しました。こうしておよそこの40年ほどの間に体罰許容から体罰の制限あるいは体罰の廃止へと大きく方向を変えてきたのです。

　ただ，南部の州を中心に，今も体罰は許可されています。近年は，行使数自体は激減していますが，いずれにしても違法ではなく，合法的な体罰です。体罰を許可する学校では，校長は新年度初めに保護者から体罰の許可をもら

資料5　パドル

う，体罰行使の際に証人を同席させる，体罰後は教育委員会に回数や理由を報告するなど手続きを満たした上で行使しています。具体的には，校長室において3回程度，前頁の写真で示すようなパドルで，臀部（お尻部分）を打つやり方です。日本のように，素手や足で行うものではなく，また教師が一時的に怒りでカッとなって行うというようなものでもありません。

　アメリカでは，禁止されている学校で体罰を行えば違法ですから，その教員は暴行罪に問われることになりますし，即刻解雇になるでしょう。一方，わが国では，教員が体罰を行ったとしても，子どもが死亡したり，大怪我を負ったりした場合を除いて，懲戒免職になることはほとんどありません。この点も大きく異なります。

9. 修復的司法を組み込んだ生徒懲戒

　生徒懲戒には，先述したように人種等によって懲戒率に差があるなど，人種差別ではないのかという批判に晒されてきました。しかもそれは1990年代以降のゼロ・トレランス政策によって加速しました。

　そうした経緯を経て，生徒懲戒にアンガー・マネジメントや薬物教育といった教育プログラムを組み込むところも増えましたし，今日では特に初期段階の違反行為に対して，修復的司法と呼ばれる方法を導入する学校も出てきています。一例ですが，**表2**に示すようにノースカロライナ州シャーロット市でも修復的司法が採用されています。

　修復的司法とは，具体的には，違反した者と犠牲になった者とが，調停あるいは協議を行い，お互いが文字どおりサークルになるなどして対話することによって，最終的に弁償したり，謝罪したり，行動を変えることを約束したりすることです。学校に導入することによって，権力をもつ校長が一方的に子どもに罰を与えるのではなく，子ども同士が直接対話し，子どもに自分がした行為の意味を考えさせるような仕組みになっていることがその特徴だといえます。

　かつてアメリカの懲戒は，懲罰的で応報的な色彩が強く，それが今もそのま

ま維持されている部分もあるのですが，表2の Level Ⅰの懲戒の欄にあるように，修復的な方法が含まれるなどシフトチェンジしようとしている兆しが見てとれます。また，以前に比べ，規則違反に対して複数の懲戒が用意されていることもわかります。

表2 修復的司法が採用されている生徒懲戒制度の一例
Charlotte Mecklenburg Schools, Code of Student Conduct, 2018-2019

レベル	違反行為	懲戒
Level Ⅰ	・不敬で猥褻・不愉快で口汚い言葉やジェスチュアあるいは書いたもの，エレクトリックコミュニケーション※ ・無礼なあるいは騒々しい音 ・不服従な，あるいは攻撃的な行動 ・暴力行為または公共物の破損 ・他者の健康や安全を害する脅し	・親との面談 ・言葉での警告 ・ダメージの補償 ・社会的制約 ・放課後の留置またはサタデースクール ・学内停学 ・修復的実践 ・地元機関への送致
Level Ⅱ	・無断欠席 ・違法な物質（薬物等）の所持 ・武器の所持 ・個人的なテクノロジー装置の所持など	・Level Ⅰの懲戒から選択 ・スクールバスの使用停止 ・指定された教室での課題 ・一時的なあるいは永久の特別活動からの追放 ・1〜10日の学外停学 ・Level Ⅲの警告
Level Ⅲ		・スクールバスの使用停止 ・10日間の学外停学 ・オルタナティブ・スクール送り ・Level Ⅳの警告
Level Ⅳ	・銃器や破壊的な機器の校内への持ち込み	・365日までの学外停学
Level Ⅴ	・脅しや登録された性的違反	・退学（14歳以上）

出典：ノースカロライナ州シャーロット市にある Charlotte Mecklenburg Schools の Code of Student Conduct, 2018-2019 より片山が編集。
※ インターネットでのいじめも含む。

10. 近年の生徒懲戒は？

（1）罰に対する見方が変わってきた

　近年の生徒懲戒の傾向を集約すると，第一にアメリカの懲戒制度が応報的なものから，修復的なものを含んだものに変化している点を指摘できます。かつては，表1に見るような留め置きや学内停学，学外停学，退学，オルタナティブ・スクール送りなどについてマトリックスで示し，段階的・機械的に処分するところが多かったのですが，今日では表2に見るように，特に初期段階の違反行為に対して，修復的司法と呼ばれる方法を導入するなど，教育を重視した懲戒を導入するところが出てきました。

　こうした変化の背景に，罰に対する見方が変わってきたことがあります。「罰は子どもを一時的に抑制し，子どもを短い期間，規則に従わせるかもしれないがそれだけである」，「自己規律を高めなければ，同じ過ちをしてしまう」，「修復的な規律政策やポジティブな行動介入は，排他的な規律のやり方を減らすことにつながる。修復的なやり方は，誤った行動をした生徒を締め出すことよりも含めることを通して，学校コミュニティを促進させようとする」といった認識が以前に比べると増しています。

　Costello 等は，著書の中で次のように述べています。「過ちを犯したら罰すればよいだけなら，学校の規律を維持することは，ある意味簡単である。罰は子どもに共感を創り出すことができないし，彼らを励ますこともできない。問題行動を行った子どもを締め出し，彼らに恥をかかせても，管理職や教員，友達との絆を感じることはできない。むしろ，締め出された子どもたちは孤立し，メインストリームから締め出された者と結びつき，学校の中にサブカルチャーを作ろうとする。行為自体は拒絶しても，その子どもを拒絶すべきではない。修復的実践は罰よりも明らかにネガティブな行為を抑制する証左がある。修復的な方法は，共感を創り出し，積極的な巻き込みを創り出す。子どもは単に恐れを感じるだけでなく，自分自身によい感情を持ち，他者と積極的につなが

る」と。

　実際に，Gregory 等はそれらを裏付ける結果，すなわち修復的実践を学校に導入すると教員へのリスペクトが増え，照会（所定の用紙を持って校長または教頭のオフィスに行くこと）が減るという研究結果を公表しています。その効果はラティーノ系（ヒスパニック）やアフリカ系アメリカ人の生徒に顕著であり，修復的実践によって教師と子どもの関係も，よい方向に変わると言っています。

　一例として下記図1に，修復的実践を取り入れた，コロラド州デンバー市（アメリカ西部に位置）の停学率の変化（k-12）を示しました。できるだけ子どもを包摂し，子ども同士で修復し合うようにした結果，停学率は減少傾向を呈しています。

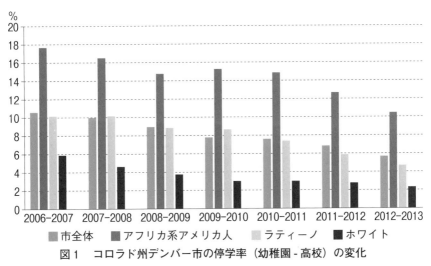

図1　コロラド州デンバー市の停学率（幼稚園 - 高校）の変化

出典：Gonzalez, Thalina（2015）Socializing Schools-addressing Racial Disparities in Discipline Through Restorative Justice, Losen Daniel J.（Ed.）Closing the School Discipline, Teachers College Press, pp.155-156をもとに片山が作成。

　さらに Evans 等も，1990年代以降，教室や学校コミュニティを育もうと，停学や退学に課された生徒への再入学にあたって，「輪になって行う話し合い」

に取り組むなど，修復的司法の原理を教師が活用した結果，学校にとって可能性があるとして，教育における実践を評価しています。過ちは罰しなければならないという応報的な考えは今も根強く残りますが，とはいえ「罰」を与えるだけでは子どもは救われないという考えに，少しずつ移行する傾向にあります。

2019年3月，ウエストバージニア州（アメリカ東部に位置）にあるオルタナティブ・スクールの校長に，近年の傾向をインタビューしたところ，「本校は，基本的には薬物の使用を含めて，行いに問題のある子どものためのオルタナティブ・スクールです。しかし最近は，鬱などメンタルヘルスに起因するものや妊娠による生徒が，受け入れ全体の3分の1にもなっています。ホームレス・シェルターから登校している子どももおり，かつてとは様子が異なってきました」との回答でした。つまり，オルタナティブ・スクールに入ってくる子どもの層が変化しており，オルタナティブ・スクールのあり方や運営自体も，実態に応じてシフトチェンジせざるを得ない状況になっているのです。

ただし，アメリカの生徒懲戒制度は，総じて毅然と懲戒を実行する，という方向自体に変わりはありません。暴力やハラスメント等の規律の問題が深刻になると，教育効果は半減し，教師が学校をやめる傾向にあるということが知られているため，子どもが繰り返し教室の学習を妨害したり，法的に違法な行為などを行ったりすれば，一貫して懲戒を行うのです。

（2）ハラスメントも規則や懲戒の対象

第二に，いじめ等のハラスメントに対して，規則に示され，懲戒に相当する行為とみなすようになった点も見逃せません。いじめやハラスメントについては，かつてはスチューデント・ハンドブックで触れられることはありませんでした。しかし最近では，いじめや人種差別などのハラスメントは許されないことだということを公言し，スチューデント・ハンドブックに規則として記している学校が一般的になっています。人種や宗教，社会階層，身体的特徴などに対しての言葉によるハラスメントだけでなく，ジェスチュアによるものであってもハラスメントに含むことが明確に示されています。

いじめられた場合の報告にも工夫がみられます。ウェブ上にいじめを報告するフォーマットが用意されており，学校にも同じものが紙ベースで用意され，さらにはスチューデント・ハンドブックの巻末にも同じものが掲載されています。いじめられた子どもはいじめられたことの報告を，校長や教員，カウンセラーに対して直接してもよいですし，そうした媒体を用いて報告してもよいのです。また匿名の報告であってもかまいません。

　社会経済的に不利な子どもがいじめやハラスメントの対象となることは珍しくないことであり，こうした工夫によって，学校にアクセスしにくい子どもや保護者に対して，アクセスしやすいような仕組みを整えています。

　わが国では保護者が校長にいじめを訴えてくることはありますが，子ども自身が校長に対していじめを受けていると表明することはほとんどないように思います。訴える機会を子どもに保障しているということは，子どもに自分の困りを自分で解決する力をつけるように教えていることにもなります。一方，校長にとっては，いじめの訴えがあれば学校が対応するということを正式に意思表明していることにもなりますから対応を怠ることなどできません。このように，いじめ対応のスタンダードがわが国とは異なっていることがわかります。

（3）懲戒には多様なフタッフが関わる

　第三に，懲戒に多様なスタッフが介入し，スタッフ同士が関わるシステムが確立している点を，指摘しておきたいと思います。わが国でも近年，「チーム学校」というキーワードに象徴されるように，チームで組織的に対応することやスクールソーシャルワーカー等の専門職と協働することが求められていますが，アメリカでは懲戒に至るプロセスにスクールカウンセラーやソーシャルワーカー，サイコロジスト等を入れるなど，日常的にチームで生徒指導や懲戒に関わるシステムが確立しています（2章参照）。

　スクールカウンセラーが生徒指導や懲戒に関わるのですが，さらにサイコロジストも学校に勤務しているため，複数の目によってチームとしてさまざまな角度から一人の子どもを見立て，たとえ校長と言えども単独で判断しないこと

がアメリカの特徴です。

　市の財政状況に応じてスタッフの数は大きく異なるなど課題もありますが，社会経済的に不利な立場にあって，懲戒を受けやすい子どもに対しても，一面的な見方や判断がなされることを防ごうとしています。

　複数のスタッフがチームとなって対応することによって，わが国でいうところの「指導死」も，起こりにくくなるのではないでしょうか。事実上の懲戒行為であれ，法的制裁を伴う懲戒であれ，それを誰かが単独で行うと偏った判断をしやすく，子どもとの間に軋轢が生じやすくもなります。教室で直接授業を行う教員を一定の早い段階で懲戒に関わる子どもと切り離し，そこから先は専門的な知識を備えた別のスタッフが対応すれば，「指導死」のような事態は減らせるはずです。

11.　日本への示唆

　1章でも触れたとおり，わが国の懲戒制度は未整備のままです。そのことがわが国で違法な体罰が存続したり，指導死が起こったりする原因にもなっています。子どもが問題行動を行った場合，口頭の注意のみで解決するようであればそれが最もよいのですが，実際には妨害行為によって他の子どもの学習が保障されなかったり，他の子どもの精神や身体が傷つけられたりすることも生じます。

　一方，教員についても精神的に追いつめられたり，健全な学習環境・職場環境を維持することが難しかったりして疲弊しています。

　アメリカの生徒懲戒制度は，懲罰的な色彩が強い側面もあり，わが国の温和な児童観や曖昧な指導には馴染まない点が多いかもしれません。しかしながら，アメリカの制度をそのままの形で採用せずとも，参考にすべき点はいくつもあるように思います。初めから諦めるのではなく，可能性を探ってほしいです。

（4章担当　片山紀子）

引用・参考文献

- 片山紀子『アメリカ合衆国における学校体罰の研究―懲戒制度と規律に関する歴史的・実証的検証』風間書房，2008年。
- 片山紀子「懲戒制度の確立が問われている」吉田順編著『なぜ指導がうまくいかないのか―これまでの生徒指導の「考え方」を見直す〔「なぜ？」からはじめる生徒指導〕』学事出版，2019年。
- 片山紀子『三訂版 入門生徒指導』学事出版，2018年。
- 片山紀子「アメリカにおける生徒懲戒リスクの再検証と懲戒に関する施策の動向」『比較教育学研究』日本比較教育学会，第30号，2004年，pp.110-126。
- 国立特別支援教育総合研究所ジャーナル，2017年。
- ハワード・ゼア著，西村春夫・細井洋子・高橋則夫監訳『修復的司法とは何か』新泉社，2003年。
- 宮口幸治『ケーキの切れない非行少年たち』新潮社，2019年。
- 宮古紀宏「カリフォルニア州の学校アカウンタビリティ制度の新たな展開」『アメリカ教育研究』29号，東信堂，2019年，p.57。
- 文部科学省『生徒指導提要』2010年。
- Allensworth, Elaine; Ponisciak, Stephen & Christopher, Mazzeo, *The Schools Teachers Leave-Teacher Mobility in Chicago Public Schools, Consortium on Chicago School Research*, 2009.
- Amstutz, Lorraine Stutzman & Mullet, Judy H., *The Little Book of Restorative Discipline for Schools,* The Little Books of Justice & Peacebuilding, 2005, p.11, p.21.
- Costello, Bob; Wachtel, Joshua & Wachtel, Ted, *The Restorative Practices Handbook for Teachers, Disciplinarians and Administrators*, International Institute for Restorative Practices, 2009.
- Evans, Katherine & Vaandering, Dorothy, *The Little Book of Restorative Justice in Education*. Good Books, 2016.
- Fabelo, T., Thompson, M. D., Plotkin, M., Carmichael, D., Marchbanks, M. P.III & Booth, E. A., Breaking schools' Rules: A Statewide Study of How School Discipline Relates to Students' Success and Juvenile Justice Involvement. New York, NY: Council of State Governments, 2011, Retrieved from http://justicecenter.csg.org/ resources/juveniles
- Fronius T., Petrosino, A., Persson H., Guckenburg S. & Hurley N., *Restorative Justice in U.S. Schools: A Research Review*, Justice & Prevention Center, 2016.
- Gagnon, Douglas J., Jaffee, Eleanor M. & Kennedy, Reeve, *Exclusionary Discipline Highest in New Hampshire's Urban School-Suspension and Expulsion Found to Disproportionately Affect Disadvantaged Students*, New Hampshire University, Carsey Research, 2016, Winter.
- Gossen, Diane Restitution: Restructuring School Discipline, *Educational Horizons*, 1998, Vol.76, No.4, pp.182-88.
- Gregory, Anne, Clawson, Kathaleen, Davis, Alycia & Gerewitz, Jennifer, The Promise of Restorative Practices to Transform Teacher-Student Relationships and Achieve Equity in School Discipline, *Journal of Educational and Psychological Consultation*, 2015, Vol.25, pp.1-29.
- Losen, D. (Ed.), *Closing the school discipline gap: Equitable remedies for excessive exclusion (disability, equity and*

culture). New York: Teachers College Press, 2014.

- Losen, Daniel J.（Ed.）, *Closing the School Discipline Gap: Equitable Remedies for Excessive Exclusion (disability, equity and culture)* New York: Teachers College Press, 2015.
- Losen, Daniel J.& Martinez, Tia Elena *Out of School & Off Track: The Over Use of Suspensions in American Middle Schools & High Schools,* The Civil Rights Projects, 2013, ED541735.
- Petrosino, A., Guckenburg, S. & Fronius, T. "Policing Schools" Strategies: A Review of the Evaluation Evidence, *Journal of MultiDisciplinary Evaluation, 2012, 8* (17). http://survey.ate.wmich.edu/jmde/index. php/jmde_ 1 /article/view/337/335（2019年3月20日閲覧）
- Skiba, R. J., Michael, R. S.; Nardo, A. C., & Paterson, R. L., The Color of Discipline: Sources of Racial and Gender Disproportionality in School Punishment, *The Urban Review, 2002, 34*(4), pp.317-342.
- Tough, Pau 著，高山真由美訳『Helping Children─私たちは子どもに何ができるか』英治出版，2017年，pp. 78-86。
- Twein, Mark, *The Adventures of Tom Sawer,* Yaohan Publicatios, Inc., 1994.
- Vincent, Philip E. *Restoring School Civility,* Character Development Group, 2004, p.81.

問題や課題を抱えた子どもの学びをどのように保障するか

1. 日本における不登校に対するまなざしの変化
―「問題行動」から「課題」へ―

　子どもの学校からの離脱という事象は，わが国では，小中学校段階であれば不登校，高等学校段階であれば不登校のほかに，高校中退も含めて捉えられてきました。それらの行為は，本人の要因による，学校への不適応（例えば，児童生徒間，または，教師と児童生徒間での対人関係上の問題，学業不振，無気力，校則やルールへの不適合，生活リズムの乱れ等）として，時にステレオタイプ的に捉えられがちであったかもしれません。

　従来，学校の生徒指導上の問題行動といえば，学校現場の教員や教育行政の関係者であれば，まず，頭に思い浮かべるのはいじめや不登校なのではないでしょうか。それらは，多くの学校にとって，その多寡や背景等にはさまざまに違いがあるものの，常に起こりうる，あるいは，まさに現に対応し続けている事象であり，子どもの教育のために，日々試行錯誤しながら，取り組んでいるがゆえに，生徒指導上の問題として，すぐに頭に思い浮かぶのではないでしょうか。

　また，学校関係者のみならず，一般の方にとっても，学校の子どもの問題行動といえば，やはり，いじめや不登校は，特に連想されやすいように思われます。毎年度，文部科学省が調査・公表してきた「児童生徒の問題行動等生徒指導上の諸問題に関する調査」において，いじめと不登校，さらに，暴力行為について，まさに「生徒指導上の諸問題」として規定・概念化され，その調査結

果は毎年，公表されると，すぐにメディアで報道されています。いじめの認知件数過去最多，あるいは，小中学校の不登校児童生徒数過去最多，小学校の暴力行為増加傾向等という新聞報道やテレビ，web 上でのニュースを目にしたことがある方は多くいらっしゃることでしょう。この調査結果に基づき，文部科学省では，教育委員会等への行政説明，行政指導も行っています。このような背景もあり，特に，いじめや不登校は，長らく，学校や教育行政の現場，さらには，広く社会に対しても代表的な子どもの問題行動として，浸透してきたと考えられます。

　ですが，その中でも不登校に関する見方や考え方，捉え方については，昨今，徐々にですが変化がみられます。2016（H28）年 7 月に，不登校に関する調査研究協力者会議により「不登校児童生徒への支援に関する最終報告〜一人一人の多様な課題に対応した切れ目のない組織的な支援の推進〜」が発表されました。不登校に関する調査研究協力者会議は，その前年の2015（H27）年 1 月に文部科学省初等中等教育局長の諮問機関として発足しました。この「最終報告」の 4 頁に「不登校とは，多様な要因・背景により，結果として不登校状態になっているということであり，その行為を『問題行動』と判断してはいけない」と述べられています。この「最終報告」を受けて，先に述べた「児童生徒の問題行動等生徒指導上の諸問題に関する調査」の名称も改められることとなり，現在，同調査は2016（H28）年度調査から「児童生徒の問題行動・不登校等生徒指導上の諸課題に関する調査」と改称されています。調査名に不登校を問題行動の括りから分離して明記し，「課題」に内包させたと言えます。つまり，現在，教育行政においては，不登校は「問題行動」ではなく，子どもが抱える「課題」の一つとして捉えられることとなったのです。

　不登校に対するこのまなざしの変化は，不登校の状況下にある特定の子どもにとって，一縷の救いともなりうる大人の側の視点の転換であり，肯定的に評価できる側面があるといえます。とりわけ，いじめを含む何らかの被害経験を有する子どもや，直接的な被害経験ではないにしても安心・安全を脅かされ，不安を感じさせるような，間接的な被害経験を抱える子どもにとっては，学校

に行きたくても行けないという心身が分断されるアンビバレントな状況下にあることに鑑みるに，不登校を問題行動とは捉えないというラベリングの転換の要請は，葛藤に苦しむ子どもと保護者に一定の安心を与えるものになりうるのではないかと考えます。また，この不登校のまなざしの変化は，子どもが不登校という行為を選択・決定する上で，その心理的，行動的ハードルを下げるものにもなりうるでしょう。一方，教師の側にも変化を及ぼすかもしれません。例えば，不登校の子どもに対して，無理に学校に登校させなくてもよいという認識の変化とともに，指導・支援の在り方も変化するかもしれません。

2. 学校教育からの疎外というリスク

不登校については，子どもや保護者の主体的な選択肢として，社会的に容認されやすくなったという肯定的な視点でのみ捉えると，それが有する課題の本質が矮小化される可能性があることに注意が必要です。不登校という事象が有する本質的な課題は，子どもが学校教育を受けることから疎外される状況下に置かれることにあります。つまり，学校教育を享受する機会の放棄・喪失，さらには，そこから得られたであろう現在および将来にわたる大きな利益の喪失にあると捉えられます。

そして，不登校という選択肢が，児童生徒や保護者にとって，より自由に（より容易に）選びうる一つの選択肢へと変貌していくことは，個人の選択の自由を最大限に尊重することを最善と捉える新自由主義的な思考の枠組みに親和的といえます。つまり，不登校という選択の帰結は，その子どもと保護者の責に帰するといった自己責任論に，いつの間にか，からめ捕られるリスクをはらむということです。

言うまでもなく，日本の学校は，教科の学習を通して得られる知識や技能の量的習得という限定的な役割にとどまるものではなく，学級や学年，学校全体といったさまざまな位相における教育活動を通して，習得した知識・技能を活用し，思考力・判断力・表現力等を養うことや，生涯を通して学び続ける力を

身につけることなど，子どもの養うべき資質・能力は広範なものといえます。

　むろん，学校において何らかの被害経験のある不登校の子どもにとって，原籍校への復学に焦点化した指導・支援を行うことは，その子どもにとっての二次被害を生む可能性もあり，慎重に判断せざるを得ません。日本の不登校では，情緒的混乱や不安，無気力により，行きたくても学校に行けない状況下にある子どもが，不登校の中でも大きな割合を占めています。

　わが国の不登校を取り巻く複雑な実情を再認識し，今後一層，子どもが，原籍校からフェードアウトしたとき（または，しかかっているとき）に，どのように学校から離脱する子どもを的確に把握し，何らかの支援へと橋渡しするのか，また，学校の機能を代替しうる教育の場（オルタナティブ教育）には，どういった種類の場があり，どれくらいの人的・物的資源を保有しているのか，活用の状況はどうなのか，それらを踏まえて，どのような多様な学びの場を開発・開拓していくのかなど，誰もが学校教育を継続し，全ての子どもに教育を保障するという観点から検証していくことが重要です。

　本章では，不登校に代表される学校教育からの疎外状況にある子どもへの支援について，その検証の手掛かりを得ることをねらいに，米国カリフォルニア州の取組に焦点を当てます。カリフォルニア州では，100以上の言語が話され，学校教育の場ではヒスパニック系の子どもの人口比が大きくなっています。多様性を引き受け，尊重しなければ成り立たない州であるが故の先進性があると考えます。当然のことながらさまざまな子どもが抱えるリスクやヴァルネラヴィリティ（脆弱性）とも向き合わざるを得ません。次節からはカリフォルニア州における「長期欠席」の捉え方（まなざし），そして，問題や課題を抱え学校をフェードアウトしつつある子どもへの支援策について述べていきます。

3. カリフォルニア州の「長期欠席」の現状

　米国というと，一般的には，個人主義的で，かつ，選択の自由が日本に比して，相当に重要視されているというイメージが先行しているため，学校選択制

やバウチャー制，チャータースクール，能力に応じた飛び級，多様なカリキュラムの学校という多彩なメニューが用意されていて，子どもと保護者は自己責任においてそれらのメニューから自身の教育を選びとることができるという印象をもたれている方が多いかもしれません。この印象は確かに米国の学校教育のある一面を言い当てています。そのため，日本で取り上げられる不登校についても，個人の選択肢の一つとして，米国でははるかに不登校の垣根が低いのではないかと思われる方もいるでしょう（例えば，インディペンデント・スタディやホームスクーリング等）。

　本節以降では，米国の中でもカリフォルニア州にスポットを当てて，公立学校や教育委員会（郡や学区）の取組について述べていきますが，読み進めるうちに，上記の米国のイメージとは，異なる印象をもたれるかもしれません。

　カリフォルニア州では，州教育法48200により，6歳から18歳までの全ての子どもは全日制の教育を受けなければならないと定められています。日本では中学校段階までが義務教育ですが，カリフォルニア州では高等学校段階までが一般的に義務教育の範疇に入ることになります。しかしながら，法に反して，本来なら許容されない理由で欠席している子ども（カリフォルニア州では，「怠学」（truancy）と呼称されます）が相当数にのぼることも明らかになっています。

　それでは，カリフォルニア州では，「怠学」や「長期欠席」（chronic absence）はどのように定義されているのでしょうか。まず，正当な理由のない無断欠席を意味する「怠学」の定義についてですが，州教育法48260(a)に，年度内に，無断で（正当な説明なしに）3日間，学校を欠席した場合，または，無断で30分以上の遅刻を3回した場合に，「怠学」に分類されることになっており，学校を所管する学区に報告がされることになっています。正当な理由のない無断欠席は，法に違反しているとの解釈がなされ，「怠学」と判断されると，保護者に「怠学通知」（truancy letter）が送られます。

　本来は認められるべきでない欠席理由でも，子どもや保護者から，時にさまざまな主張がなされることもあるため，欠席の判断基準としては正確さに欠けるところがあります。

一方，最近では，「長期欠席」という広範な概念が用いられるようになりました。「長期欠席」は，州教育法60901(c)（1）に，「本項の目的上，『長期欠席者』(chronic absentee) とは，当該子どもが在籍する学年のうち，その子どもが欠席した日数の合計を，土日を除く学区の通常の総授業日数で割った日数において，10％以上の日数を欠席している子どもを意味する」とされています。カリフォルニア州の場合では，これは年度内で18日以上欠席した場合に該当することとなり，さらに，無断欠席といった「怠学」や正当な理由のある認められた欠席，停学処分として学校教育を受けていない状態も含めて，学校教育を享受できていない日数として捉えられています。

　カリフォルニア州では，四半期ごと，つまり，年度を四つに分割して各時点で子どもの出席データを収集することを推奨していますが，年度内のどの時点で計算したとしても，それまでの全登校日数と子どもの出席日数から，授業日数の10％以上を欠席していた場合，その子どもは「長期欠席」として把握されることとなります。

　それでは，カリフォルニア州では，「長期欠席」の子どもはどれほどいるのでしょうか。また，「長期欠席」と関連する学校や地域の特色はあるのでしょうか。カリフォルニア州では，2017年12月に，州教育省によって，双方向型のデータポータルである DataQuest に，「長期欠席」のデータがリリースされました。カリフォルニア州では，いわゆる理由のない無断欠席である「怠学」に関するデータについては，これまでに収集・公開されてきましたが，より広範な概念である「長期欠席」のデータが公開され，利用可能となったのは，比較的最近のことといえます。

　非営利組織である AW（Attendance Works）は，公開されたカリフォルニア州の「長期欠席」のデータ（主に，2016-17年度）を活用し，二次分析を試み，さまざまな知見を明らかにしています（表1）。例えば，カリフォルニア州の子どものおよそ10人に1人に相当する694,030人が「長期欠席」であること，「長期欠席」の割合が大きいのは幼稚園（14%）と高校（15.4%）であること（幼稚園が義務教育ではないことに注意が必要です），保護が必要な子ども（例えば，里親支援を受けている子ども

（25.1％，13,879人））やホームレスの状態にある子ども（21.2％，53,630人）は州全体で平均の2倍以上の確率で「長期欠席」となっていること，その他にも，低所得層の子ども（13.5％，529,250人）や障害のある子ども（17.7％，136,566人）も「長期欠席」となりやすいことが見いだされました[1]。

　また，アメリカンインディアンとアラスカ先住民，アフリカ系アメリカ人，太平洋諸島民といった人種やエスニシティも「長期欠席」と関係があることも明らかにされました。

表1　AW による「長期欠席」データの二次分析の知見

①一般の公立学校のおよそ10校に1校で，20％以上の子どもが「長期欠席」であること。
②「長期欠席」している子どもの約半数（330,986人）が，10～19.9％の子どもが「長期欠席」している学校に通っていること。
③一般の公立高校のおよそ5校に1校が，20％以上の子どもが「長期欠席」であること[2]。
④一般の公立の校種のうち，「長期欠席」が20％以上の学校数が最も多いのは小学校であること[3]。
⑤「長期欠席」は，オルタナティブ教育の場[4]で特に多いこと（「出席」のカウントについて，より厳しい基準を採用していることに注意）。
⑥カリフォルニア州北部の田舎の郡では，「長期欠席」が20％以上の学校の割合が大きいこと。
⑦子どもの数が最も多い南カリフォルニア郡とセントラルバレー郡には，「長期欠席」が20％以上の学校が最も多く存在すること。
⑧学校における「長期欠席」は，「停学率」の上昇，「退学率」の上昇，「卒業率」の低下，「高等教育への進学コースを履修する子どもの修了者数」の減少と相関していること。

出典：Size the data opportunity in California：Using chronic absence to improve educational outcomes. Attendance works. p.2をもとに宮古が翻訳。

　AW のエグゼクティブ・ディレクターを務めているチャン（Hedy Chang）は，州の教育行政，とりわけ，「長期欠席」に係る政策に大きな影響を与えた人物の

一人とされています。AW は2006年に設立され，その歴史については，その
ホームページに簡単な紹介がなされていますが，AW の初期の業績として有名
なのは，アニー・E・ケイシー財団の助成を受けて，チャンが，低所得層の子
どもたちが低学年の頃から学校をフェードアウトしがちであり，3学年の終わ
りまでに十分な読解力を身につけられていないことを明らかにしたことです。

　この研究業績は，2008年に，"Present, Engaged and Accounted For: The Critical
Importance of Addressing Chronic Absence in the Early Grades"として上梓されまし
た。

　この研究において，チャンは，全授業日数のうち，約10%，ないし，約1カ
月間学校を欠席している子どもの学業成績が不振であることを見出し，幼稚園
や小学校1年生の10人に1人が毎年度1カ月近く欠席していることを突き止め
ました。ですが，当時の学校や学区は，通常，1日の「平均出席者数」（毎日何
人の子どもが登校したか）と「怠学」しか記録していないため，学校を欠席してい
る状態にある子どもの一部のみを把握しているにすぎない状況でした。チャン
は，「長期欠席」（chronic absence）という用語を生み出し，「怠学」を含む，全ての
欠席を対象とすることの重要性を説きました。その後，カリフォルニア州は，
2010 年に上院法案1357 を可決し，そこで「長期欠席」という用語を定義した
最初の州となったのです。

　現在では，2013年のカリフォルニア州のLCFF（6章で詳述）の規定のみならず，
2015年の連邦法であるESSA（Every Student Succeeds Act）の成立によって，「長期欠
席」のデータは，カリフォルニア州だけでなく，全ての州において，その収集
と報告が義務づけられることとなりました。カリフォルニア州は，州教育法
60900に従って，子どもの長期縦断データベースであるCALPADS（California
Longitudinal Pupil Achievement Data System）を整備し，四半期ごとに子どもの出席データ
を収集し，管理しています。そして，収集されたデータは，DataQuest を通じ
て，公開されることとなりました。このデータは6章で述べるカリフォルニア
州の新しい学校アカウンタビリティの仕組みである「学校ダッシュボード」に
も取り入れられ，学校や学区の「w」のパフォーマンスレベルが5段階で，

web 上にて一般公開されています。

　なお，この州全域のデータを集約する CALPADS では，子ども一人一人に独自の ID が割り当てられており，「長期欠席」のみならず，子ども一人一人に紐づけた学業成績や単位取得状況，原級留置等といった情報が長期縦断的に収集されるデータシステムです。この教育データを収集・管理するシステムにより，どういった子どもの集団や地域的特性が，子どもの各パフォーマンスに関係するのかなど，その要因や背景を多面的に分析することが可能となります（もちろん，この仕組みを国家による個人に対する徹底した管理社会化の一面として捉えることもできるでしょう）。

4.「長期欠席」のリスク要因

　上述したように，カルフォルニア州教育省は，現在では，無断欠席を意味する「怠学」という限定的な学校欠席だけでなく，学校から離脱している状態にある欠席を全て含む概念である「長期欠席」をより優れた指標として活用しています。「長期欠席」の指標のほうが，関係者間の解釈やスクリーニング（欠席の理由が正当であるかどうか，病気であるかどうか等）が入らないため，ブレのない指標であるといえます。「怠学」が少ない学校でも，「長期欠席」で見ると一定の数にのぼる学校や学区も存在するであろうことを考慮すると学校教育を享受していない状態にある子ども自体を把握するという点において，意義があるといえます。特に，州教育省では，チャンらの学術研究の知見に基づき，年度内を四半期に分けて，それぞれに全授業日数の10％以上欠席だった生徒について，「長期欠席」として把握することを推奨しています。その年度内の全授業日数の内，10％以上の欠席は，子どもの学業達成を危うくしかねないと考えられているのです。

　欠席の理由が正当であろうとなかろうと，子どもが学校を欠席している状態にあること，そのこと自体を重大視しています。つまり，日本でいうところの「不登校」であれ，「病気」であれ，「経済的理由」であれ，連続または断続し

表2　「長期欠席」の要因に関する四つのカテゴリ

障壁	否定的な学校経験	学校とのつながりの欠如	誤った認識
・慢性と急性の両方の病気 ・健康，メンタルヘルス，視力，歯科治療の欠如 ・トラウマ ・安全でない登下校路 ・交通の便が悪い ・頻繁な引越しや転校 ・児童福祉や少年司法制度への関与	・学業や社会的に苦戦している ・いじめ ・停学や退学 ・児童生徒自身の学校体験に対する保護者の否定的な態度 ・診断されていない障害 ・障害に対する適切な対応の欠如	・文化的に関連した，魅力的な指導の欠如 ・学校での大人との有意義な人間関係がない ・学校にいるときよりも，学校を出てからのほうが仲間との絆が強い ・歓迎されない校風 ・単位取得への失敗や将来的な計画のなさ ・教師の欠席や長期代替の教師が多い	・欠席の問題は無許可の場合のみであるという認識 ・月に2日程度欠席しても学習に影響はないという認識 ・散発的な欠席は問題ではないという認識 ・出席は高学年だけの問題であるという認識

出典：Seize the data opportunity in California：Using chronic absence to improve educational outcomes. Attendance works, p.4をもとに宮古が翻訳。

て一定の期間，学校から離脱していること自体について，対策を講じるべき事象として捉えているのです。

　「長期欠席」のリスク要因は，研究の積み重ねにより，さまざまに見出されています。AW は，「長期欠席」の要因を大きく四つのカテゴリに分類することが有用であるとしています (表2)。それらは，「障壁」，「否定的な学校経験」，「学校とのつながりの欠如」および「誤った認識」です。それぞれのカテゴリは，本人に関する要因と本人を取り巻く環境要因から成り，それぞれに重複するところもある概念構成となっています。「障壁」とは，心身の健康といった本人要因や，自宅と学校の間を結ぶ交通の便や安全性といった環境要因等が挙

げられます。「否定的な学校体験」とは，子どもが学校で経験した挫折やいじめ，停学，退学，本人が抱える障害といった本人要因のほか，周囲の適切な対応の欠如といった環境要因が該当します。

　「学校とのつながりの欠如」とは，子どもが学校に魅力を感じずに，教職員との人間関係の形成が十分でないことや学校に歓迎されていないと感じること，将来の目的意識のなさ，また，教師側も欠席が多いといったことが挙げられます。「誤った認識」は，子ども自身と周囲の大人が欠席は大した問題ではないと捉えていることなどが挙げられます。

　カリフォルニア州では，子どもの欠席率が10％を超えたら，その要因や背景を探るために，家族カウンセリングを実施している学区もあります。本人要因のほか，環境要因としての家庭は重要なアセスメントの対象となっているのです。家庭の貧困の問題に起因して，子どもに十分な医療を提供できない場合があることから，子どもの喘息や糖尿病，メンタルヘルス上の問題は，貧困率が高い地域に多いとの知見もあり，「長期欠席」と貧困の関連もアセスメントの対象とされています。

　特に，ホームレスの状態にある家庭の場合は，常に生活の場を移動していることが想定され，子どもにとって学校への継続的な出席が困難となります。家庭に DV（家庭内暴力）が存在することが「長期欠席」のリスクになる場合もあります。

　例えば，母親が DV 被害を回避するために，子どもも一緒に避難せざるを得ず，学校を離脱していく場合などが考えられます。ネグレクトにより，年長の子どもが年下の弟や妹の世話に時間を費やしている場合や，子ども，または，その家族（保護者や兄弟姉妹）がドラッグやアルコールを使用している場合もあります。その他にも，組織的な人身売買や売春等の性的搾取の問題によって，学校から離脱してしまう場合もあります。また，子どもが通学するための交通手段の整備が不十分なために，欠席を誘発してしまうといった問題を抱える地域も一部あるとされています。

　このように，カリフォルニア州では，子どもが学校から離脱する要因や背景

をさまざまな角度から多面的に捉えており，上記のそれぞれのリスク要因が累積していくことの帰結として，「長期欠席」が発現すると見なされています。

5. 「長期欠席」に対する学校や教育行政の取組

（1）「長期欠席」のもたらす影響と予防戦略としての定期的なモニタリング

　AW では，チャンらを筆頭に，その後も「長期欠席」の調査研究を継続しており，「長期欠席」への取組が学校の成功（例，学力の向上等）に関連することを明らかにしています。チャンは，2019年まで州教育長であったトム・トーラクソン（Tom Torlakson）と共同で，カリフォルニア州内のいくつかの学区のデータを用いて，「長期欠席」に関する調査を実施しています。チャンらは，学区レベルで「長期欠席」データを収集し，「長期欠席」の子どもをモニタリングして，早期の段階で適切な介入をすることを推奨しています。特に，「長期欠席」への効果的な取組として，定期的なモニタリングを挙げています。

　チャンらの調査では，欠席の理由について特定を試みていますが，小学校段階での欠席理由の記録は「病気」が最も多かったことがわかりました。しかしながら，中学校段階になると「病気」と理由不明の欠席の割合が同程度となっていました。この理由不明の欠席とは，学校が正当な理由として承認することができない欠席を意味します。実際，子どもに正当な理由があったのかどうかは定かではないのですが，「病気」と理由不明の欠席は，ほぼ半々となっていました。さらに，高校段階になると，大半の欠席は理由不明となり，なぜ子どもが休んだのか，記録からはわかりませんでした。小学校での子どもの欠席の場合，保護者が「今日は子どもが風邪気味なので学校を休ませます」と連絡を入れると，それで正当な理由があることとなり，「病気」としてカウントされます。病気かどうか疑わしいケースもあり，その要因や背景には，別の問題が秘匿されていることもありうるでしょう。

　筆者は，ダリル・ヤギ（Darryl Yagi）先生のご協力のもとで，2013年2月28日に

サクラメントにある州教育省を訪問させていただき，オルタナティブ学校やいじめ，「長期欠席」に関して，それぞれの担当官からヒアリングさせていただく機会を得ました。「長期欠席」のヒアリングでは，ロングビーチ統合学区（Long Beach Unified School District）における保護者から病欠の連絡があった小学校の子どもの家庭にスクールナースを派遣するという調査についてご説明をいただきました。その調査結果からは，43％の子どもが病気でなかったことが判明したそうです。そのため，小学校段階の「長期欠席」のうち，「病気」にカテゴライズされているものの一定数は，別の要因や背景によるものである可能性が示唆されます。

　チャンらの研究に基づき，州教育省では，小学校の第3学年時の成績に注目しています。オークランド統合学区（Oakland Unified School District）のデータによれば，「長期欠席」の子どもは，英語のスキルや州標準テストの得点が低く，早期の「長期欠席」は，高等学校における落第や留年の可能性を示す指標となりうることが示唆されています。特に，小学校第3学年以降，学校での教科指導は，子どもの英語の読解力に大きく依拠します。英語の読解力があることが前提で，授業が進行していくこととなるためです。しかし，幼稚園と小学校第1学年時に「長期欠席」であった子どもは，小学校第3学年時の成績が必ずしも良好ではないという傾向があり，調査によれば，幼稚園や小学校第1学年時で「長期欠席」であった子どものうち，小学校第3学年時で読解力があるとされたのは約12％であったとされています。それらの子どもは，その後の中学生時に，より高い「停学率」と低い学業成績に関連していたとされています。

　また，この調査では，将来的な高校中退の予測指標についても探究しています。そこで明らかとなったのは，高校中退を最も予測しうる指標は，小学校第6学年時の「長期欠席」でした。この指標は，人種やエスニシティ，低所得層，英語学習者等，他のどのカテゴリと比べてもより予測精度が高いと結論づけられています。

　州教育省では，このような調査結果を踏まえて，「長期欠席」を子どもの将来的な経済上，かつ，メンタルヘルス上のリスクになり得る重要な事象として

捉えています。そのため，学校教育から離脱しかけている状態にある子どもの早期発見と介入への方針を明確に打ち出しています。州教育省では，「長期欠席」の定期的なモニタリングと早期発見，介入の方針を打ち出すとともに，学校とコミュニティが協働して，学校へ通学することを後押しするような文化・風土をつくり上げていくことの重要性を指摘しています。とりわけ，学区に対して，「長期欠席」に対する努力目標を達成するために，学校に対して期待値を設定すること，また，在校する子どもに期待している出席率を明確に宣言し，対策を講じることが重要としています。

　さらに，各学校に対しては，保護者とコミュニケーションを図り，子どもへの配付物や学校要覧，学校のウェブサイト等を活用して，年間を通して出席することの重要性を周知徹底させることを推奨しています。そして，それらの取組は，より早期であるほど重要とされ，幼稚園や小学校低学年の保護者に対して，学校だより等の通信を発行し，啓発することが促されています。つまり，保護者に，子どもが幼児期の段階から，学校教育から離脱することのないように，学校教育を継続し続けることの重要性に関する理解を促しており，出席目標を公に周知するとともに，それを成し遂げたときには学校や地域でお祝い会（例えば，子どもや保護者とのピザパーティー等）を開催するなどのインセンティブが用意される場合もあります。

（2）適切な学びの場への橋渡し—SARB の取組—

　カリフォルニア州では，学校を離脱している（あるいは，離脱しかけている）状況にある子どもに対して，学校教育を保障し続けるという理念のもとで，適切な学びの場へと橋渡しする仕組みを有しています。その代表的な仕組みの一つがSARB（School Attendance Review Board）と呼ばれるものです。州 SARB が，その仕組みに関する詳細な手引きを刊行しています。ここでは，その情報を参考にしながら SARB の仕組みを概説します。

　学校を欠席した子どもへの支援の実際については，まずは，学校として，欠席した子どもとその保護者に連絡をとることが支援の契機となります。これは

日米の双方に共通していることでしょう。日本では，欠席が続いた子どもに対して，学級担任や学年主任等が家庭訪問をする場合もあります。アメリカでは，一般的に教員は家庭訪問まではしないそうですが，チャンやオッシャー（Osher, D.）らによれば，ジョンズ・ポプキンス大学が実践したプログラムの効果検証に関する研究により，非営利団体である PTHV（Parent Teacher Home Visits）が開発した教員による家庭訪問プログラムを実施したことで，「長期欠席」が21％減少したとする研究もあり，学校を休みがちな子どもへ教員が家庭訪問することには一定の意義があるといえます。「長期欠席」の背景には，保護者がメンタルヘルスや DV 等，さまざまな問題を抱えている場合があり，家庭への何らかの支援が必要な事案もあります。できる限り学校としての支援を行い，その上で，事案によっては SARB の支援を求めることとなります。

　SARB は，メンタルヘルスなど支援が必要な子どもやその保護者に対して，適切な関係機関等へ照会し，橋渡しをすることが基本的な役割となります。SARB は，適切な機関へ対象者を橋渡しするというコーディネーターであるとともに，関係機関と共にコラボレートしていく役割も有しています。SARB の構成メンバーは，州法により規定されています（州教育法48321）。多彩なメンバーで構成される SARB ですが，スクールロイヤーやスクールカウンセラー，スクールソーシャルワーカー，警察，児童福祉機関等の各専門職等が一堂に会し，支援対象となる子どもと保護者のために集中的に活動します。

　カリフォルニア州では州法に違反する欠席が続いた場合，学校は SARB に報告しなければならないとされています。SARB は，欠席している子どもをフォローするとともに，その進捗度合をアセスメントし，支援の方針を決定します。SARB は，州法によって保護者を指導する権限も与えられており，保護者が SARB の指導に従うことを拒否する場合には，州法の定めにより，学区は少年裁判所（Juvenile court）へ報告することが義務づけられています。こういった SARB が有するコーディネーター機能とコラボレーション機能によって，学校だけでは手の届かない支援を SARB が肩代わりし，学校を離脱している，または，離脱しかけている子どもに対して，一定の成果を収めてきました。

このSARBは，州，郡および地方といった三つのレベルで構成されています。第一の州SARBは，州教育長によって構成員が任命され，毎年，州教育長に対して，出席者数の改善と停学者数の減少に関する勧告案を作成し，提出することとされています。また，州SARBは，州全域のSARBに対して，マニュアルを作成，配布するとともに，郡SARBに対して学校出席に関する専門的な知識の提供や研修・養成の機会を提供することが義務づけられています。第二の郡SARBは，郡内のSARBの活動を監督し，郡内のSARBに関する規則を制定する権限を有しています。第三の地方SARBは，学区レベルのSARBであり，小さな地区では共同でSARBを形成する場合もあります。SARBの規約では，郡SARBによって，地方SARBの規則が策定され，それによって地方SARBに権限が付与されます。さらに，郡SARBは，地方SARBに対して研修を提供する責任が課されています。

なお，各学校レベルでは，SART（School Attendance Review Team）という欠席の子どもを支援する組織が置かれているところもあります。まずは，学校で支援を検討，実施し，それでは十分な成果が得られない場合に，学区に照会し対応を図ることとなります。そこでも十分な改善，解決が図られない場合に，地方SARBに照会が行われることとなり，それでも困難な事案は，少年裁判所に照会されることとなります。

州教育省では，顕著な成果を残したSARBの出席率向上プログラムを特定し，モデルSARBとして認定，表彰し，そのリソースを提供しています。モデルSARBプログラムには，学校の欠席予防，早期発見および介入といった三つの要素が含まれます。モデルSARBでは，支援対象とする学校の日々の「平均出席者率」（Average Daily Attendance）を98％に設定しています。98％の出席者率を達成することができれば，校内にいる子どものサブグループ間の問題はない，あるいは，あったとしても非常に小さいものであろうと推定されます。まずは，学校は，怠学等で欠席している子どもの数を5％以下に減らす努力をするように促されます（つまり，「平均出席者率」で95％以上）。特に，校内のある子どものサブグループに5％以上の欠席者がいる場合，そのサブグループは危機にあると見な

されます。つまり，校内のある子どもの人口集団が，何らかの危機に直面して
いるかどうかの判断について，「平均出席者率」で見る欠席の割合5％が一つ
の基準になっているのです。学校の欠席に対する効果的な支援を検討する上で
は，その学校での欠席者の割合が一定以上のサブグループを特定し，そのパ
ターンを見つけることと考えられています。

　しかしながら，SARBにも課題がみられます。先にも述べた筆者（宮古）が
2013年2月に実施した州教育省の担当官へのインタビューでは，それぞれの地
域に存在するSARBについて，その活動レベルには温度差があるとのことでし
た。この背景には，郡教育長等が地域のSARBをどれほど支持し，支援するか
といったスタンスの違いも反映されているそうです。地域のSARBの取組が不
活発である場合，その地域の学校は，自分たちの地域に存在するSARBよりも，
積極的な活動を行っている他地域のSARBと連携する場合もあります。その他，
過去に，SARBが子どもや保護者に対して懲罰的なスタンスで臨んだために，
関係がこじれることや，トラブルとなったケースもあるとのことでした。

6. リスクを抱えた子どものためのオルタナティブ 学校制度

　これまで述べてきたように，現在のカリフォルニア州では，子どもが在籍す
る原籍校から離脱することをできる限り抑止するような政策論や制度設計が展
開されています。しかしながら，それでも「長期欠席」は生じており，学校か
ら離脱した子どもは心身，または，将来的な何らかのリスクを負いやすいヴァ
ルネラブルな存在となるかもしれません。アメリカは，日本と比して，学校名
を重視する学歴主義（どこの大学等を出ているか）ではなく，学校種を縦断して，ど
のような学問を修め，何ができるのか（有する学位や免許，資格）という学びの履歴
（ポートフォリオ）を重視しています。つまり，学問としての知やスキル，そして，
それを積み重ね続けること，磨き続けることを大切にしているともいえます。
そのため，学校での学びを中断することは，学びの履歴も同時に止まることを

意味します。そのためにも，最低でも高校を卒業することが目指され，さらには，2年制のコミュニティカレッジへの進学や，4年制大学への進学・編入も推奨されています。

　学びの履歴を止めさせないために，一般の公立学校を離脱している，または，離脱しかけている子どもに対して，とりわけ，高校卒業の修了証を取得させるために，学区や郡は，公立のオルタナティブ学校を子どものニーズのレベルに応じて，準備しています。カリフォルニア州では，代表的なオルタナティブ学校群として「継続教育校」や「コミュニティ・デイ・スクール」，「郡コミュニティ・スクール」，「コート・スクール」等を設置しています。ベラスコ (Jorge Ruiz de Velasco) によれば，2013-14年度のカリフォルニア州の高校生約21万人が一定期間に「継続教育校」に在籍したことがあり，これは高校生の約7％に相当するといいます。一般の学校では適応できなかった子どもや，家庭環境が厳しい子ども，薬物の問題等を抱えている子ども，早期の妊娠をはじめ，何らかの事情や問題により，一般校を退学になっている子どもが在籍しています。

　前述した SARB は，支援対象の子どもの状況を踏まえ，学区と連携するとともに，事案によっては，問題行動等で警察やプロベーション局（保護観察に関する機関）に関わるケースについて，適切なオルタナティブ学校へ橋渡ししています。オルタナティブ学校については，米国でも賛否ありますが，成功しているオルタナティブ学校もあり，その組織体制やベスト・プラクティスの共有等が重要となるでしょう。

7.　日本への示唆

　不登校に対する最近の教育行政の方針には，不登校を問題行動とみなさないことや，不登校の期間にはその子どもにとっての積極的な意味が見出せる場合があること，復学支援を第一義的な目的としないことなどが掲げられています（2019（H31）年10月に発出された文部科学省初等中等教育局長通知「不登校児童生徒への支援の在り方について」）。また，2016（H28）年12月に不登校の子どもへの支援が初めて体系

的に定められた法律である「義務教育の段階における普通教育に相当する教育の機会の確保等に関する法律」が成立（2017（H29）年2月に施行）し，現在進行中の施策の方向性として，教育支援センター（適応指導教室）の機能強化をはじめ，不登校特例校や夜間中学の拡充，フリースクールとの連携，ICTを活用した学習支援の充実等が掲げられています。

　もちろん，全ての子どもにとって，在籍する学校が安心安全な場であるように，また，子どもと教職員との絆，子ども同士の絆を紡いでいける「魅力ある学校」を目指すというスタンスは従来どおりですが，それだけにとどまらず，政策論の視座からは，子どもが不登校となり原籍校をフェードアウトした場合に，代替となる教育の場（オルタナティブな学びの場）をどう構想していくかも合わせて，柱として打ち立てられたといえるでしょう。

　一方，本章で取り上げた米国，とりわけ，カリフォルニア州では，「長期欠席」を個人と社会の双方の観点から大きなリスクと捉えています。「長期欠席」の子どもの数が日本とは比較にならない故に，厳しい基準と政策判断がなされているともいえますが，正当な理由のない「怠学」のみならず，ありとあらゆる欠席を「長期欠席」として捉え直し，学校教育からの疎外状況にあることそのものを問題視しています。そのために，年度内に4回も出席状況を確認し，早期発見，介入することを，学校と学区に推奨しています。さらには，「地域」，「郡」および「州」の3層構造から成る多様な専門職で構成されるSARBを設置し，学校から離脱しかけている子どもを早期の段階で，家庭を含めてアセスメントして，オルタナティブ学校を含めた適切な学びの環境を共に考え，橋渡しする仕組みを展開しています。これらのカリフォルニア州の取組は，必ずしも順風満帆というわけではなく，さまざまな問題を抱えていることは事実でしょう。ですが，複雑かつ多岐にわたる深刻なニーズを抱えている子どもであっても，学びを止めさせないという，ある意味でパターナリスティックなそのスタンスと制度設計には，将来的な子どもの利益と社会の持続可能性を見据えての判断なのではないでしょうか。

　冒頭でも述べましたが，日本は，不登校へのまなざしが変容し，不登校とい

う選択に対して，子どもや保護者のみならず，学校の指導支援の在りようにも，今後，何らかの変化がもたらされるかもしれません。もし，その学校の変化が，不登校という選択を安易に許容し，容認するものとなるのであれば，時に，子どもの最善の利益の達成とは相反し，子どもの教育に対する放任，無責任につながらないとも限りません。その危惧については，子どもと保護者，学校，教育行政，地域といった学校に関わるステークホルダー全体で認識しておく必要があるのではないかと考えます。そして，不登校のまなざしの変容が，生徒指導の後退につながるのであれば，それは，日本の学校教育が全ての子どもに対する人間形成に果たしてきた機能を減退させ，教育格差がより広がりうることにも注意が必要ではないでしょうか。むろん，そのためには，学校教育というシステムが，生徒指導のいう子どもの個性の伸長や社会性の育成，自己指導能力の形成に，どの程度の成果を及ぼしきたのかに関する丁寧な検証と合わせて進めていく必要があるでしょう。

　なお，本章の執筆内容は，筆者が所属する組織を代表した見解ではなく，あくまで個人としての見解であり文責は筆者にあることを申し添えます。

（5章担当　宮古紀宏）

注

1　米国全体では，2015-16年度において約800万人の児童生徒が「長期欠席」であると推定されています。

2　カリフォルニア州は，他の州と比較して，「出席」のカウント基準が緩やかといわれています。一般の学校では，少なくとも1時間以上出席していることが確認されていれば，出席者としてカウントされます。もし，「出席」のカウントの仕方が半日以上や，1日の大半の時間を過ごすことであるとすれば，「長期欠席」の子どもの数はさらに増えるでしょう。

3　これは，カリフォルニア州の小学校の数が多く，また，その規模が小さい傾向にあるためと解釈できます。

4　カリフォルニア州のオルタナティブ教育の代表的なものである「継続教育校」（高校の卒業資格を取得するためのプログラムを有する学校）では，州法で「1時間ごとの出席率」を収集することが特別に義務づけられています。これは，一般校に比して，より厳格な基準であるため，「継続教育校」といったオルタナティブ学校では，「長期欠席」の割合が大きくなる可能性があります。このような時間単位で「出席率」を収集する場合は，出席予定日

数の10%を欠席した場合ではなく，出席予定時間の10%を欠席した場合に，「長期欠席」とみなされることとなります。

引用・参考文献

・宮古紀宏「『多機関的資源』としてのオルタナティブ学校に関する制度的考察：米国カリフォルニア州を例に（特集 排除される若者たちとその支援）」『社会学年誌』第55号，早稲田社会学会，2014年，pp.51-65。
・Chang, H.N., Osher, D., Schanfield, M., Sundius, J., Bauer, L. *Using Chronic Absence Data to Improve Conditions for Learning*, Attendance Works and American Institute for Research, 2019, pp.1-28.
・Seize the data opportunity in California：Using chronic absence to improve educational outcomes, Attendance Works, 2018, pp.1-19.
・Chang, H.N., Bauer, L., Byrnes, V. Data Matters：*Using Chronic Absence to Accelerate Action for Student Success*, Attendance Works and Everyone Graduates Center（Johns Hopkins University）, 2018, pp.1-30.
・State School Attendance Review Board（State SARB）. *School Attendance Review Board: A Road Map for Improved School Attendance and Behavior*, San Diego County Office of Education, Updated 2018, pp.1-207.
・*Attendance Works and Everyone Graduates Center*（*Johns Hopkins University*）. Portraits of Change：Aligning School and Community Resources to Reduce Chronic Absence, 2017, pp.1-37.
・Jorge Ruiz de Velasco and Gonzales, D. *Accountability for Alternative Schools in California*, Policy Analysis for California Education, 2017, pp.1-16.
・Chang, H.N., Romero, M. *Present, Engaged, and Accounted For The Critical Importance of Addressing Chronic Absence in the Early Grades*, National Center for Children in Poverty, 2008, pp.1-32.
・Attendance Works（https://www.attendanceworks.org/）

6 学校のパフォーマンスを どう可視化し，学校を 支援するか

1. 学校教育というシステムがもたらす影響や 成果とは何か

　学校教育というシステムは，そこに通う子どもやその保護者，または，地域にどのような影響を及ぼしているのでしょうか。それは，きっとポジティブな影響もあれば，残念ながら，時にネガティブな影響を及ぼすこともあるでしょう。

　学校教育のポジティブな影響の例としては，学校の第一義的な目的でもある，子どもたちに学力を身につけさせることが挙げられます。学力は，現在ではテストの点数だけではなく，各教科で学ぶ基礎・基本の習熟をはじめ，学んだことを用いて思考し，判断し，表現できる力，そして，学校で学ぶことや教わることの面白さ，その魅力の発見，自覚を通して，学ぶという行為自体を自ら続けていく力といった，広範な概念を表しています。学校の教育活動によって，ある一定の子どもたちに，こういった学力を身につけ，向上させることができるとしたら，それは学校教育のポジティブな影響といえるでしょう。また，学力が身についている，または，向上している一定の子どもたちには，学校のさまざまな活動を通して，目的意識の形成や成長への意欲，困難な課題に直面しても自分の気持ちをコントロールして粘り強く取り組む力なども，あわせて育っていて，その結果，自分の学力の向上を下支えしたといえるかもしれません。このような「社会情緒的スキル」(social and emotional skills) といわれる資質・能力の形成にも，学校教育は一定の肯定的な影響を及ぼしているかもしれません。

米国でも，州標準テストに代表される学力テストの点数は，今なお重要視されていますが，「コモン・コア州スタンダード」（Common Core State Standard）や「次世代科学スタンダード」（Next Generation Science Standard）が策定され，英語（国語）や算数・数学，科学の学業基準が示され，そこではそれぞれの教科の学びを通して四つのC，すなわち，「コミュニケーション」（communication），「協調性」（collaboration），「創造力」（creativity）および「批判的思考力」（critical thinking）を子どもに身につけさせることが目指されています。まさに，学校教育には，一人一人の子どもが個性を伸長させるとともに，これからの社会に前向きに適応しつつ，社会をよりよい方向へと更新し，そこにおいて自身を発揮できるような力量形成が期待されており，その役割の一部を担っているといえるでしょう。

　もちろん，学校教育の影響は子どもだけに限定されるものではなく，学校の活動に保護者を巻き込むことで，学校と保護者，保護者同士，さらに，地域住民同士への絆へと拡張され，さまざまな交流が生まれ，地域に対してもポジティブな影響を及ぼす場合もあるでしょう。

　一方で，学校教育というシステムが，ある子どもたちにとっては，ネガティブな影響を及ぼしてしまうこともあります。例えば，ある子どもが，何らかの事情により学校からフェードアウトし，学校教育を享受する機会を失うことが挙げられます。その場合，その子どもは，そこで得られたかもしれない自らの可能性の開拓の機会を失い，学校を離脱したことによる学校歴の積み上げの停滞やキャリア形成に対する不利益，さらには，後悔の念といった負の感情を累積させることもあり，結果として，学校教育というシステムの機能不全が，子どもにネガティブな影響を及ぼしたと考えられます。学校から離脱していなかったとしても，友人との関係や教師との関係で深く傷つく経験をし，心身共に不調をきたす子どもも多く存在するでしょう。場合によっては，その影響は非常に長期に及ぶこともあるでしょう。

　また，忙しい保護者の方たちに，学校の教育活動へのさらなる参画を促すことで，学校と保護者の関係がこじれることもあります。学校でいじめ問題が発生した場合に，被害者側と加害者側のそれぞれの子どもと保護者との間で対立

図式が生まれ，学校というシステムが，むしろ，子ども，保護者，学校，地域のそれぞれの分断を生み出す可能性も否定できないでしょう。

　上記のように，学校教育というシステムには，想定しているポジティブな影響のみならず，想定外のネガティブな影響も含め，子どもを中心に多岐にわたる影響を生み出していると考えられ，その社会的機能については，これまでにも多方面から研究が積み重ねられてきました。

　学校教育というインプットによる，社会への影響の因果関係を事細かに明らかにすることは，困難を極めますが，税金といった公的資金が投入され，それに基づき制度設計され，何らかのアウトカムが想定されて，施策が展開されている以上，そのシステムがどのように機能し，どういった成果を生み出しているのかに挑戦し続けることは，一般社会への説明責任という限定された理由からだけでなく，学校教育というシステムから直接的な利益を享受する子どもたちの未来への投資の観点からも重要といえます。

2. カリフォルニア州への注目

　本章では，米国，特に，カリフォルニア州を例にして，学校教育というシステムが及ぼす成果の可視化に関する取組について，述べていきます。また，そこで得られた学校教育の成果に関する可視化された情報は，教育行政により，どのように活用されているのかについても，あわせて述べていきます。ここで，カリフォルニア州に着目する理由は，三つあります。

　第一の理由は，学校のパフォーマンスについて，子どもを対象としながら，そのパフォーマンスの指標を学力以外にも，州全体で合意した複数の共通指標を用意し，多面的に学校のパフォーマンスの測定にチャレンジしていることです。米国では，州標準テストの成績から構成される子どもの学力によって，学校，ひいては教師のパフォーマンスを測定する政策を展開してきました。ですが，2015年に初等中等教育法の改正法である ESSA（Every Student Succeeds Act）が成立し，それぞれの学区や学校の強みや弱みといった「地域性」を組み込んだ学

校パフォーマンスの測定法が急速に整備されていくこととなりました。現在では、それぞれの州で、学力も重要な指標としつつ、学校教育の機能を学力だけに矮小化するのではなく、より広範、かつ、複数の観点から、学校のパフォーマンスを見極めようとする政策的努力がなされています。とりわけ、カリフォルニア州では、ESSA に先んじて、「カリフォルニア・ウェイ」ともいわれる多面的に学校や学区のパフォーマンスを明らかにする制度を構築しています。

　第二の理由は、第一の理由で述べた、複数の基準で、縦断的に収集される子どもや学校の膨大なデータを州によって管理し、「学校ダッシュボード」（California School Dashboard）にて、それらの情報を前年度からの変化の観点も含みこみながら、学校、また、学区や郡レベルの教育委員会ごとに集約し、可視化して、一般公開していることです。これらの学校パフォーマンス情報へのアクセスは、州や郡、学区の教育行政機関の職員や学校の教職員だけでなく、政策立案者や研究者、さらには一般市民に対しても web で公開されているため、学校や学区のパフォーマンスを誰もが簡単に確認することができます。これは、学校アカウンタビリティの取組の一環です。学校アカウンタビリティという表現は、日本においてあまりなじみがないかもしれません。アカウンタビリティを説明責任と訳すことには議論がありますが、ここで用いる学校アカウンタビリティとは、公的資金を投入する学校教育というシステムの成果に関する情報の説明と公開を意味しています。

　第三の理由は、収集され、可視化された学校パフォーマンス情報に基づき、教育行政による学校改善の支援策が提供されていることにあります。もし、学校のパフォーマンス情報の公開が、その学校を吊るし上げ、さらし者にするために使われるようであれば、それぞれの学校や教育委員会は、州システムに情報を提供することに躊躇するであろうことは想像に難くありません。場合によっては、提供するデータが操作、捏造されることで、およそ現実の実態と乖離した情報が集約、公開されることになるかもしれません。そのような情報が公開されたとしても、学校に通う子どもは当然のことながら、誰にとっても益するところはないでしょう。学校アカウンタビリティを形骸化させないために

は，子どものデータを提供する主体である学校や教育委員会がその仕組みを支持し，意欲的に取り組む仕掛けを用意する必要があります。カリフォルニア州では，複数の観点から明らかにされる学校パフォーマンス情報に基づき，特に，ある領域に対して「弱み」を抱えている学区や学校が明らかになった場合，それらの学区や学校を重点的に支援する施策とジョイントさせる取組を開始しました。

　わが国の学校教育のこれからを考える上で，そもそも現状の学校や教育委員会が，子どもに及ぼしている影響，また，どういった成果を生み出しているのか，それを明らかにする上でどのような基準を用意することが妥当であるのか，それらのデータをどのように収集・集約し，加工して，公開することができるのか，そして，公開された情報をどのように学校改善に生かしていくのかを検討していくことは重要でしょう。その示唆を得るために，本章では，政策的に先を進むカリフォルニア州の取組を概観していきます。

3. カリフォルニア州の学校改革—LCFF の成立—

　カリフォルニア州では，州レベルで合意した複数の基準を用いて，学校と教育委員会（郡や学区）のパフォーマンスを測定し，可視化する取組である「学校ダッシュボード」を新しい学校アカウンタビリティ制度として2017年12月よりスタートさせました。ここで明らかにされた学校と教育委員会のパフォーマンスによって，ある学校や学区，さらには，その中の特定の子どもの集団（法的に規定された人種やエスニシティ，「低所得層の子ども」，「保護が必要な子ども」（里親委託や福祉施設に在籍する子ども），「英語学習者」，「障害を有する子ども」のことを意味し，「高いニーズを有する子ども」と捉えられています）のパフォーマンスに改善がみられない場合に，州や郡，または，後述する州機関の一つである CCEE（California Collaborative for Educational Excellence）が中心となり，多層的な支援を展開していくこととされています。

　この複数の観点からの学校パフォーマンスの可視化と学校改善支援の接合を意図した学校改革の基盤となる法律は，2013-14年度に成立した州法である

LCFF（Local Control Funding Formula）と呼ばれるものです。本節では，まず，この LCFF について述べていきます。特に，テイラー（Tayor, M.）のレビューや EdSource のガイドに基づいて，LCFF の全体像を概観します。

　LCFF とは，より細かく述べると，カリフォルニア州で，2013年の制定法として定められた学校財政に係る法規のことです。LCFF とは，州の一般資金を再配分するための方式を明文化したものであり，学区や学校，チャータースクールへの資金の拠出方式について定めています（本章では紙幅の都合上，チャータースクールについては割愛します）。

　特に，学校や学区に対して拠出される州の資金として，主に，「基礎的資金」や「補助金」，「集中的資金」という枠組みがあり，この拠出方式について細かく規定されています。

　LCFF の成立によって，カリフォルニア州は，「高いニーズを有する子ども」に，資金を重点的に配分する方式へと転換することを打ち出しました。

　これは，カリフォルニア州で，最近の最も大きな学校改革として捉えられています。この LCFF では，表1のとおり，州の一般財源を学校に配分する上で，子ども一人当たりの「基礎的資金」の額に基づき拠出がなされます。LCFF で示されている学校への資金配分の基準は，K-12学年を「K-3 学年」，「4-6 学年」，「7-8 学年」および「9-12学年」の四つに分類し，さらに，各年度を四分割します。

　そして，四分割されたそれぞれの時点での子どもの「平均出席者数」に応じて，拠出する方式が採用されています。「平均出席者数」を重視しているのは，5 章でも述べたとおり，カリフォルニア州では学校というコミュニティから子どもが離脱することをリスクと捉えていることの表れでもあります。

　これは，その学校に在籍する子どもが「長期欠席」にカウントされる場合，その人数分の資金拠出がカットされることを意味するため，このような法的な規制により，学校には，子どもを「長期欠席」にさせない努力が求められているといえます。

　表1に，各学年段階に応じた子ども一人当たりの「基礎的資金」の総額につ

いて示します。「基礎的資金」の総額は，「4 - 6 学年」から「9 -12学年」まで
は，学年区分の分類が高学年ほど，高く設定されています。2020-21年度の子
ども一人当たりの「基礎的資金」の総額の予測値によれば，「K- 3 学年」では
7,820ドル（1ドル100円換算で782,000円），「4 - 6 学年」では7,189ドル（1ドル100円換算で
718,900円），「7 - 8 学年」では7,403ドル（1ドル100円換算で740,300円），「9 -12学年」で
は8,801ドル（1ドル100円換算で880,100円）とされています[1]。

　高等学校段階の「9 -12学年」では，特に，中学校，または，高等学校のカ
リキュラムと職業選択を結び付ける LL（Linked Learning）のようなキャリア・テク
ニカル教育を奨励するために上乗せされた額となっています。学年段階が低い
「K- 3 学年」で「基礎的資金」の総額が高いのは，低学年では学級規模を小さ
くするためのインセンティブが働いているためです。特に，カリフォルニア州
では，「K- 3 学年」までは，学級に在籍する子どもと教師の比率を，24対 1 ま
でに減らすことが目指されています。

表1　2020-21年度の満額拠出時における 子ども 1 人当たりへの「基礎的資金」の総額予測

学年段階	子ども 1 人当たりの「基礎的資金」の総額※
K-3 学年 小規模学級のために 1 人当たり 737 ドルを含む	7,820 ドル （1 ドル 100 円換算で 782,000 円）
4-6 学年	7,189 ドル （1 ドル 100 円換算で 718,900 円）
7-8 学年	7,403 ドル （1 ドル 100 円換算で 740,300 円）
9-12 学年	8,801 ドル （1 ドル 100 円換算で 880,100 円）

※毎年度，基礎的資金額には生活費調整額が加算される。ここでの試算は2015-16年度に，
1.02％の生活費調整が含まれている。

出典：EdSource：Welcome to the Local Control Funding Formula Guide, 2016, pp.12-13をもとに
宮古が作成。

先に述べたように，LCFF では，「高いニーズを有する子ども」への資金の重点配分が，その根本理念に置かれており，全ての子どもに一律に配分される上記の「基礎的資金」のほかに，「補助金」と「集中的資金」という枠組みがあります（表2）。「補助金」とは，各学区において，「英語学習者」，「保護が必要な子ども」，「ホームレスの子ども」，「低所得層の子ども」が学校に出席している場合に，子ども一人当たり「基礎的資金」の20％分を追加で拠出するというものです。

　これらの子どもは高いニーズを有する者としてカテゴライズされ，これらの子どもに対して，満額拠出の場合，「K-3 学年」一人当たり1,564 ドル（1 ドル100円換算で156,400円），「4 - 6 学年」一人当たり1,438 ドル（1 ドル100円換算で143,800円），「7 - 8 学年」一人当たり1,481 ドル（1 ドル100円換算で148,100円），「9 -12学年」一人当たり1,760 ドル（1 ドル100円換算で176,000円）の追加支給がなされます。

　これら「高いニーズを有する子ども」のカテゴリについては，複数該当する場合でも，あくまで子どもの実人数として算定されます。例えば，「英語学習者」であり，「低所得層の子ども」である場合でも，同一の子どもであれば，一人としてカウントし，重複カウントはしません。なお，州財務省によれば，州内の K-12学年の学校に在籍する児童生徒の63％が，LCFF の「補助金」対象者であると想定されています。

　そして「集中的資金」は，「高いニーズを有する子ども」が学区内の在籍者の55％を超える場合に，それらの子どもの割合に対して，「基礎的資金」の50％分を「集中的資金」として追加で拠出するものとなります。

　なお，LCFF は，新たに州の財源を別に用意するものではなく，あくまで財源の配分方式を変えるものです。「高いニーズを有する子ども」を多く抱える学校や学区に対しては，LCFF 制定前よりも資金が多く配分されるようになりましたが，残念ながら，それでもまだ，カリフォルニア州の教育費は，他の州と比して，必ずしも大きいものではないという評価がなされています。

　カリフォルニア州では，LCFF による新たな学校財政制度となる前は，学校への公的資金の使途について，州の権限が大きいとされていました。1978年に

表2　LCFF 制定時（2013-14年度）における
「補助金」と「集中的資金」に関する学校への資金配分のレート

補助金	調整後基準レートの 20%
集中的資金	「英語学習者」と「低所得層の子ども」が学区内登録者の55％以上である場合，調整後基準レートの 50% が追加で発生

出典：Tayor,M. An Overview of the Local Control Funding Formula, Legislative Analyst's Office, 2013, p.2をもとに宮古が翻訳。

プロポジション13が可決されたことで，学区に対して，学校の財源となる地域の固定資産税（property taxes）の徴収が制限されることとなり，それに伴い，資金調達を含む学校の財源に関する州政府の役割が拡大することとなりました。州政府に，教育に関する権限が集中していくにつれて，州教育法も肥大していったといわれています。

　そのような政策的推移の中で，2013年の LCFF の可決は，州政府から，地方教育行政機関（郡や学区）へと，予算や政策決定に係る権限を大幅に委譲することとなりました。

　具体的には，学区は「基礎的資金」の使途について，幅広い裁量権を有することとなったのです。その代わりに，学区は児童生徒の学業成績等のパフォーマンスを改善・向上させることを学校アカウンタビリティのもとで問われることとなりました。子どものパフォーマンスの改善・向上のために，資源をどのように配分しているか，また，「高いニーズを有する子ども」のためのプログラムやサービスをどのように増やし，取組を行っているかについて公開，説明することが求められます。

　すなわち，LCFF の成立，施行により，州政府から地域へと意思決定の権限と機能が大きく移行したこと，また，一元的な基準から，多元的な基準に基づく学校アカウンタビリティへと改訂されたこと，そして，それに伴い，学校アカウンタビリティのシステムそれ自体について，低いパフォーマンスの学校をあぶり出すというサンクションを目的とするのではなく，高いニーズを有する

学区や学校への重点的な資金配分という学校改善支援とジョイントさせることで，その制度的機能に変更をもたらすことなどが打ち出されたのです。

4. 地域と共に作成する「地域管理アカウンタビリティ計画」

　LCFF に基づく学校財政制度の重要な一部を構成しているのが，「地域管理アカウンタビリティ計画」(Local Control Accountability Plan) です。LCFF の成立により，各学区は，保護者や教職員，地域のメンバーと共同で「地域管理アカウンタビリティ計画」を策定することが求められることとなりました。「地域管理アカウンタビリティ計画」とは，学区レベルで作成する 3 カ年の学校改善計画のことです。

　「地域管理アカウンタビリティ計画」のフォーマットから，地域のステークホルダーと共に計画を作成する上で，どういった事項が重視されているのかを知ることができます。「地域管理アカウンタビリティ計画」は，「参画」，「目標，行動，支出及び進度の測定」および「補助金と集中的資金の使途」の三つのセクションで構成されています (EdSource の Welcome to the Local Control Funding Formula Guide, 2016, pp.28-32参照)。

　第一の「参画」の項目では，計画作成のプロセスにおいて，いかにして保護者や地域のメンバー，教員組合，児童生徒を巻き込むかという計画を記載することが求められます。「参画」の趣旨は，学校教育に関する意思決定プロセスが州政府から地域に大幅に委譲されたことを踏まえ，計画作成のプロセスにおいて有意義な議論ができる場が地域で開催されるように，早い段階で十分に計画され，地域の参画が行われているか，また，学区は，保護者や学区の諮問委員会にどのような情報や指標を提供したのか，寄せられた提案の結果，学区の「地域管理アカウンタビリティ計画」にはどのような変更が加えられたのかなど，学区の地域への「参画」が，LCFF の趣旨にかない，包括的なものであるように求めているのです。

第二の「目標，行動，支出及び進度の測定」の項目では，学区の全体的なビジョン，年間目標，ビジョンと目標を達成するために学区がとる具体的行動，学区の予算を目標達成のためにどのように役立てるかなどが記載されます。とりわけ，**表3**に示したLCFFに規定された八つの優先領域（学区に対しては八つの優先領域，郡に対してはさらに二つ追加され10の優先領域があります）に沿った作成が求められます。その際には，複数のパフォーマンス基準を用いて年次目標を設定することや，各パフォーマンスの進捗の測定の手法の記載も求められます。加えて，LCFFの趣旨に基づき，学区は，特定の「高いニーズを有する子ども」のグループを対象とした支援についても明記しなければなりません。

　第三の「補助金と集中的資金の使途」の項目は，学区が，追加で拠出される資金について，その使途を説明するものです。先に述べたように，LCFFでは，「高いニーズを有する子ども」には，「補助金」や「集中的資金」といった追加的な資金が拠出されますが，これらを用いて，どのような支援策を講じ，改善を図るかについて，具体的に明記することが求められます。もし「補助金」や「集中的資金」の一部が，学校全体，または，学区全域の目的で使用されてい

表3　LCFFに規定された八つの優先領域

優先領域1	子どもの学習環境
優先領域2	コモンコア州スタンダードの履行
優先領域3	保護者の関与
優先領域4	子どもの学業成績（州標準テストの点数，英語（国語）の習熟等）
優先領域5	子どもの参画（学校の出欠席，停学，退学等）
優先領域6	学校の文化・風土
優先領域7	幅広い学習コースへの子どものアクセス
優先領域8	子どものアウトカム（体育や芸術を含む必須領域に関連する子どもの成績等）

出典：州教育法52060をもとに宮古が作成。

る場合，そういった使用の仕方がなぜ「高いニーズを有する子ども」のために最善であるといえるのかについて，学区は理由を説明しなければなりません。

　年度の終わりには，保護者や地域のメンバーといったステークホルダーを含む会議が開催され，「地域管理アカウンタビリティ計画」の方針がどの程度成果を達成・向上させることができたかについて評価を行い，毎年7月1日までに，計画を更新しなければならないこととされています。つまり，「地域管理アカウンタビリティ計画」は，遵守することそれ自体を至上目的とするのではなく，地域の広範なメンバーの参画と協働によって，継続的なリフレクションと改善のプロセスを展開していくツールとして，活用されることが想定されているといえます。

　しかしながら，ナッドソン（Knudson, J.）は，「地域管理アカウンタビリティ計画」について，その重要な概念である「地域」や「参画」が，そもそも学区によって，相当に異なるであろうことを示唆しています。つまり，「地域」や「参画」といった概念は，現実社会においては一般化されて存在するものではなく，文脈によりその実態は極めて多様であり，それゆえに，「地域」のメンバーを「参画」させることは，各学区で，その実情に応じて，独自のアプローチが必要となるであろうと指摘しています。そして，LCFFにおける「参画」の要件を成功させるためには，児童生徒の「教育と学習の質」に焦点化しつつ，その学区のステークホルダーが「地域」の意味を理解し，教育委員会会議に通常参加している人々や組織，特に，子どもや保護者を超えたさまざまな声に対応する必要があると述べています。

　すなわち，効果的な「参画」とは，予算項目をめぐる交渉によって定義されるものではなく，全ての関係者が相互に関与することが集団の利益であり，共有された責任であると考えるパートナーシップによって定義されるものであるとしています。

　そして，そのためにも，行政からの一方向的なメッセージだけでなく，さまざまなコミュニケーションツールを用いた双方向的なコミュニケーション戦略を採用することを推奨しています。これは，統一された「地域」なるものは実

際には存在せず，地域を構成する人々は，利害関係が異なる多様な個人であることを学区教育長は認識し，それに応答していく必要があるためです。

5. 「学校ダッシュボード」の取組

LCFF に基づく学校財政制度では，「地域管理アカウンタビリティ計画」が学区レベルで地域のステークホルダーの「参画」を重視しながら作成，評価されることを先に述べました。その際に，学区と学校のパフォーマンスを可視化することが，その成否の鍵を握ることとなります。それでは，カリフォルニア州では，そもそも学校のパフォーマンスについて，どのような基準で州として合意し，それらのデータを収集しているのでしょうか。

カリフォルニア州では，1999年より州法である「公立学校説明責任法」において，学校アカウンタビリティ制度を実施してきました。しかし，2013年のLCFF の制定により，学校アカウンタビリティのあり方が全面的に改訂されることとなりました。カリフォルニア州の新しい学校アカウンタビリティ制度は「学校ダッシュボード」と呼ばれています。

2017年12月，カリフォルニア州教育省は，「学校ダッシュボード」をリリースしました。「学校ダッシュボード」は，児童生徒や学校のさまざまなデータを集約し，web で公開する仕組みです。この「学校ダッシュボード」は，その後，2018年12月に改訂がなされています。

「学校ダッシュボード」では，学区や学校のパフォーマンスについて，「州共通指標」と「地域指標」に基づき可視化しています。「州共通指標」は，「学力」と「卒業率」，「進学と就労の準備」，「英語学習者の成績の進度」，「停学率」，「長期欠席」の6指標から構成されています。これらの指標は，州全体で共通した基準で算出されます。

一方，「地域指標」は，それぞれの学区で利用可能な情報や独自で用いている調査ツール等をもとに，その達成状況を測定したデータが用いられます。指標には，「学校の環境条件」や「州の学業スタンダードの履行」，「保護者や家

庭の参画」，「学校の文化・風土」，「幅広い履修科目へのアクセス」，「幅広い履
修科目のアウトカム」，「退学者に対する支援のコーディネーション」（郡のみ），
「保護が必要な子どもに対する支援のコーディネーション」（郡のみ）が挙げられ
ます。上記の「州共通指標」と「地域指標」の複数の基準から学区や郡，学校
のパフォーマンス結果が，「学校ダッシュボード」の web サイトを通して，可
視化されるのです。

　それでは，実際にどのように各パフォーマンスが可視化されているのでしょ
うか。「学校ダッシュボード」は，インターネット環境があれば，日本からで
もアクセスすることが可能です（https://www.caschooldashboard.org/）。**図 1** は，「学校
ダッシュボード」のトップページです。現在（2020年 8 月 1 日現在）では，2017年，
2018年および2019年の学校アカウンタビリティ情報を閲覧できます。

図 1　「学校ダッシュボード」の web ページ
（https://www.caschooldashboard.org/）

　「州共通指標」の 6 指標については，計器の図で，パフォーマンスが高いも
のから青，緑，黄，オレンジ，赤の 5 段階で表示されます（**図2**）。どの色に区
分されるかは，州で示している公式に基づき算出されます。特に，「学校ダッ

Red　　　　Orange　　　Yellow　　　Green　　　　Blue

LOWEST PERFORMANCE　　　　　　　　　　　　　　　HIGHEST PERFORMANCE

図2　「学校ダッシュボード」の web ページ

（https://www.caschooldashboard.org/）

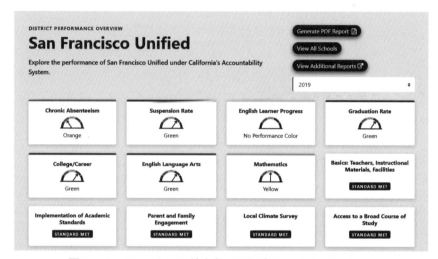

図3　サンフランシスコ統合学区の各パフォーマンスレベル

（https://www.caschooldashboard.org/reports/38684780000000/2019）

シュボード」の仕組の特徴は，「州共通指標」の算出においては，今年度の「状態」といった横断的なデータのみに基づくわけではなく，昨年度からの「変化」という縦断的な観点も加味されるところにあります。「地域指標」に関するパフォーマンスについては，色別の分類ではなく「適合」，「不適合」および「2年以上の不適合」の三つの区分でなされます。

　それでは，実際に，ここでは，学区のパフォーマンスレベルについて事例に基づき紹介します。図3は，「サンフランシスコ統合学区」（San Francisco Unified School District）の各パフォーマンスレベルです。「州共通指標」については，「長期欠席」指標が「オレンジ」，「学力」指標の「数学」が「黄」，「学力」指標の

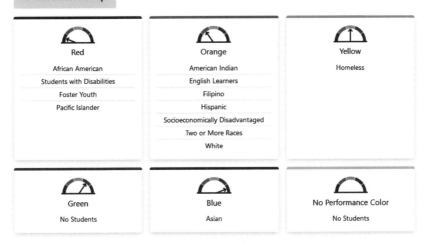

Student Group Details
All Student Groups by Performance Level

13 Total Student Groups

Red	Orange	Yellow
African American	American Indian	Homeless
Students with Disabilities	English Learners	
Foster Youth	Filipino	
Pacific Islander	Hispanic	
	Socioeconomically Disadvantaged	
	Two or More Races	
	White	

Green	Blue	No Performance Color
No Students	Asian	No Students

図4　サンフランシスコ統合学区における
「長期欠席」の子どものサブグループごとのパフォーマンスレベル
（https://www.caschooldashboard.org/reports/38684780000000/2019/academic-engagement#chronic-absenteeism）

英語と「停学率」指標，「卒業率」指標，「進学と就労の準備」指標の四つが「緑」となっています。「地域指標」については，それぞれ「適合」と表示されています。これらの内，パフォーマンスレベルが低い「長期欠席」について，さらに詳しい情報を見てみましょう。

　図4は，「長期欠席」について，子どものサブグループごとに見たパフォーマンスレベルです。パフォーマンスレベルが最も低い「赤」となっているのは，「アフリカ系アメリカ人」，「障害を有する子ども」，「保護が必要な子ども」，「太平洋諸島系」であることが明示されています。つまり，サンフランシスコ統合学区に登録されている子どものうち，これらのグループにカテゴライズされる子どもは「長期欠席」の課題について厳しい状態にあることがわかります。

それに比して，パフォーマンスレベルが最も高い「青」には「アジア系」と示されており，同統合学区の「長期欠席」については「アジア系」の子どもの課題は小さいことも同時に見てとることができます。

上記では，サンフランシスコ統合学区という学区のパフォーマンスを取り上げましたが，学校の名称を入力すれば，同様の形式で，各学校に焦点を当てたパフォーマンスレベルを見ることができます。

6. 学校アカウンタビリティと連結する学校改善

これまでに，LCFF では優先領域が示されたこと，また，この優先領域を踏まえて「地域管理アカウンタビリティ計画」を作成すること，そして，優先領域の達成度について「州標準指標」や「地域指標」をもって測定し，「学校ダッシュボード」で可視化されることについて述べました。本節では，「学校ダッシュボード」の情報に基づき，どのように支援を要する学区や学校が特定され，改善支援がなされるのかについて述べます。

The Education Trust-West は，2017年における「学校ダッシュボード」情報に基づいて，実際に，支援の対象となる地域がどのように特定されているかを調査しています。2017年では，学区は，一つ以上の「高いニーズを有する子ども」のサブグループが，少なくとも二つの優先領域で基準を満たしていない場合に，支援対象とされました。

2017年の「学校ダッシュボード」は，運用が開始されたばかりということもあり，全ての指標のパフォーマンスレベルを算出することができなかったため，三つのデータのみ（英語と算数・数学の「学力」，「停学率」および「卒業率」）によって支援を必要としている学区の特定が行われています。具体的には，州標準テストの英語と算数・数学による「学力」のデータについては，両方の科目のパフォーマンスレベルが「赤」，または，どちらかの科目のパフォーマンスレベルが「赤」でもう一方が「オレンジ」の場合，「卒業率」のデータについては，パフォーマンスレベルが「赤」の場合，「停学率」のデータについては，パ

フォーマンスレベルが「赤」の場合が，基準を満たしていない状態として判断されました。

　結果的に，2017年のデータから，カリフォルニア州の学区の24%相当に当たる計228学区が支援の対象として特定されました。「高いニーズを有する子ども」の集団のうち，特に，「障害を有する子ども」の集団のパフォーマンス（特に「学力」と「停学率」）が厳しい状況であることが明らかとなり，要支援学区と特定される割合が71%（163学区）と最も大きいものでした。

　LCFF 法制下では，支援が必要な学区と学校に対して，主に支援を展開する主体は，郡と新たに州機関として設立された CCEE（California Collaborative for Educational Excellence）が位置づけられています。とりわけ，CCEE の役割は強調されており，学区や学校のパフォーマンスの向上・改善を阻む障壁を診断し，その障壁を乗り越え，克服できるように，学校の管理職や教職員への「職能開発」や「能力形成」を目的とした技術的支援が重視されています。

　この技術的支援について，ダーリング・ハモンド（Darling-Hammond, L.）とプランク（Plank, D. N.）は，CCEE の取組によって，学校が持続的，継続的に改善していく「学習する組織」（learning organization）へと変容していけるかどうかが鍵となるとしています。彼らは，継続的改善システムを図5のように，「教職員への学習支援」，「情報システム」，「継続的な見直し」「イノベーションと評価」および「知識共有の戦略」のサイクルとして捉えています。

　「学習する組織」への変容を実現していくための教職員への「能力形成」を主たる介入（「教職員への学習支援」）として，その成果については「学校ダッシュボード」等の「情報システム」を通して確認をし，介入後の進捗について「継続的な見直し」をしつつ点検を行い，新たな施策を立案・実施・検証し（「イノベーションと評価」），そこで得られた成果を新たな知識として近隣校等で共有するなど，ネットワーク化していく普及戦略を図っていきます（「知識共有の戦略」）。

　このサイクルの主体は，CCEE であるとともに，協働して改善の道を歩む学校であり，学区でもあります。CCEE には，とりわけ，この継続的な改善サイクルを実現していく上で，データを定期的に見直し，地域の強みと弱みを診断

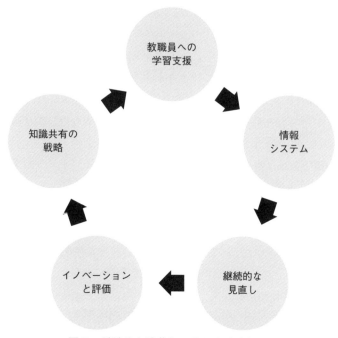

図5　継続的な改善システムのサイクル

出典：Darling-Hammond, L., Plank, D.N. *Supporting Continuous Improvement in California's Education System,* Policy Analysis for California Education, 2015, p.13の図をもとに宮古が翻訳。

し，パフォーマンスの向上を支援するための戦略と実践を特定していくことが求められます。

7.　日本への示唆

　本章では，カリフォルニア州の最近の最も大きな学校改革といえる「高いニーズを有する子ども」への重点支援を企図した資金配分の改正（LCFFの制定），また，資金の使途を含む学校の教育計画への地域の参画（「地域管理アカウンタビリティ計画」の導入），多面的に学区や学校のパフォーマンスを可視化する学校アカ

ウンタビリティの創設（「学校ダッシュボード」の開発），さらに，その情報システムに基づく「学習する組織」への変容を目指した教育行政による学校改善支援（CCEE の取組）について概観しました。

ポリコフらによる世論調査では，LCFF や「学校ダッシュボード」の認知度や利用率は，必ずしも保護者や市民に広く普及しているとはいえないものの，「地域管理アカウンタビリティ計画」への参加者や「学校ダッシュボード」の取組を支持する割合は年々上昇していることが明らかになっています。

日本では，学校や教育委員会のパフォーマンスを共通の指標をもって，それも複数の指標から描き出すという仕組みは実現していません。そのため，どのような子どもの集団が学校や地域において厳しい状態に置かれているのかをより客観的に把握することは，まだまだ困難な状況です。

むしろ，その前に，日本の学校が子どもたちに成し得てきたポジティブな機能とは何であるのかを合意していく努力が必要でしょう。その合意や見通しが得られれば，わが国の学校に適った特有のパフォーマンス基準を多元的に構築していくことができるかもしれません。カリフォルニア州の指標をそのまま援用しても，日本の公立の小学校や中学校にそもそも「停学率」といった基準を設けたところで法的に停学がないためそぐわないことは明らかです。

また，原則，「年齢主義」が前提の義務教育段階の公立学校に「卒業率」の指標を用いても，同様に，日本の場合はハイパフォーマンスの学校とそうでない学校を識別する指標にはなり得ないでしょう。

今後、GIGA スクール構想のもとで、高速大容量の通信ネットワーク等の整備とともに、子どもに 1 人 1 台端末が付与され、全国学力・学習状況調査等、学力調査の CBT（computer based testing）化や、「学習管理システム」（learning management system: LMS）とさまざまな学習アプリケーションが構築されていくこととなれば、クラウドサーバー等に膨大な教育データを蓄積することができ、ハード面では、教育のパフォーマンスの可視化のためのインフラ整備が一定程度実現していくことができるかもしれません。

その上で，さらに検討が必要であることは，どのように制度設計すれば，少

しても教育委員会や学校がパフォーマンスの可視化にメリットを感じるかにアプローチすることができるかでしょう。罰的に学校アカウンタビリティを用意するようでは，学校や教育委員会から，前向きな協力は得られないでしょう。むしろ，厳しい地域へのより集中した資金・資源の投入，教職員への「職能開発」や「能力形成」といった支援策と抱き合わせることで，ようやくアカウンタビリティが本来の機能を発揮するのではないでしょうか。

　なお，本章の執筆内容は，筆者が所属する組織を代表した見解ではなく，あくまで個人としての見解であり，文責は筆者にあることを申し添えます。

（6章担当　宮古紀宏）

注
1　LCFFによる資金の拠出は，2013-14年度から8年間をかけて段階的に行われており，2020-21年度が完成年度とされています。表1は完成年度における満額拠出の予測額です。

引用・参考文献
・Polikoff, M.S., Hough, H.J., Marsh, J.A., Plank, D. *Californians and Public Education: Views from the 2019 PACE/USC Rossier Poll*, Policy Analysis for California Education, 2019, pp.1-16.
・Polikoff, M.S. *Gauging the Revised California School Dashboard: Evidence from the 2019 PACE/USC Rossier Voter Poll*, Policy Analysis for California Education, 2019, pp.1-12.
・Polikoff, M.S., Korn, S., McFall, R. "In Need of Improvement? Assessing the California Dashboard after One Year", *Getting Down -To Fact II-Technical Report*, Policy Analysis for California Education and Stanford University, 2018, pp.1-35.
・The Education Trust-West. California's New School Dashboard：Preliminary Analysis of District Ratings, 2017, pp.1-10.
・Darling-Hammond, L., Plank, D.N. *Supporting Continuous Improvement in California's Education System*, Policy Analysis for California Education, 2015, pp.1-42.
・Knudson, J. *Implementing LCFF: Early Lessons From the Field*, California Collaborative on District Reform, 2014, pp.1-4.
・Tayor, M. *An Overview of the Local Control Funding Formula*, Legislative Analyst's Office, 2013, pp.1-20.
・Local Control Funding Formula Guide／EdSource：Welcome to the Local Control Funding Formula Guide, 2016, pp.1-51.
　（https://edsource.org/2016/local-control-funding-formula-guide-lcff/89272）

7 わが国の生徒指導は どこへ向かうべきか

　本書では，アメリカの生徒指導を参照にしながら，日本の生徒指導が陥っている問題についても同時に考えてきました。では，わが国の生徒指導はどこを目指していけばよいのでしょうか。

　われわれは，本書冒頭の「はじめに」で述べたとおり，アメリカの制度が素晴らしいと言っているわけでも，それをそのまま取り入れたほうがよいという提案をしたかったわけでもありません。アメリカの生徒指導を参照にしつつ，疲弊して止まないわが国のそれを見直したいのです。わが国の子どもたちにとってよりよい教育環境になるように，また教育実践に直接携わる教員にとってよい職場環境になるように，みなで議論したいのです。本書は，そのための材料だと捉えてください。では，どのような点を整備する必要があるのかを最後に提案しますので，その先は皆さんご自身で考えていただければと思います。

1. ダイバーシティかつインクルージョン

　個性が尊重され，価値の多元化が進む中で，学校を取り巻く環境は，同化主義の時代から多文化主義の時代に既に移行しています。その結果，生徒指導には，ユニフォミティ（画一性）ではなく，**ダイバーシティ（多様性）が当たり前に求められる**ようになってきました。学校でしか学べない厳しい家庭環境にある子どもや発達障害を抱える子ども，外国にルーツのある子ども，LGBTに関わって悩む子ども，一斉授業や画一的教育に合わない子どもなど，教室にはさまざまな子どもがいて，多様であるとともに混沌としてもいます。不登校を選

択する子どもも一定数いて，その数は減る兆しがみえません。今後はより一層増えていくでしょう。

　与えられたカリキュラムを黙って受容する子どもばかりではなくなってもきました。反抗したいからではなく，時々ふらっと違う場所で体を休めたいと思う子どもも存在しますが，これまでの生徒指導では授業エスケープとして教室に戻るよう厳しく指導するのが普通でした。登校時から下校時までずっと決められた教室にいて，決まった授業を受けるのが当たり前で，そこからはみ出してしまう子どもは生徒指導の対象でした。つまり，**これまでの生徒指導ではインクルージョン**（包摂）**ではなく，イクスクルージョン**（排除）**がその基本原理だった**ことになります。

　しかしながら，これまでのように問題のある子どもを排除する生徒指導をやっていても，うまくいかなくなってきたことを，われわれは肌で感じるようになりました。こうした状況が誰の目にも明らかになってきたことを考量すれば，前提としていた生徒指導の枠組みを考え直す必要があるでしょう。

　われわれの頭の中で考えるよりも現実は，そして子どもや保護者の意識や価値感は，ドラスティックに変わっています。そうした状況を受けて，生徒指導**はダイバーシティかつインクルージョン，つまり多様性を認めることと包摂することを同時に満たす生徒指導へと移行する必要**があると考えています。多文化主義への流れを理解し多様性を認めること，なおかつ異質なものを排除するのではなく包摂することを，**単に頭の中だけで理解するだけでなく，現実世界の生徒指導で実現しなければならない時代**に突入しているのです。子どもを鋳型にはめる生徒指導ではなく，大人の言うとおりに従わせる生徒指導でもなく，一人の多様な人として認め，包摂していく生徒指導への移行です。

　別の表現をすれば，**これまでのように子どもを鋳型にはめたり，大人の言うとおりにさせたりして，教員に疲弊を招くような過剰な生徒指導をする必要はない**ということです。教員のもつ限られたエネルギーは，もっと上手に活かすべきだと考えています。

　大事なのは，子どもの自立であり，子どもの将来です。挑戦的なことではあ

りますが，生徒指導のスタンスを変えること，これが生徒指導に携わる者が最初にすべきことではないかと考えています。

2. 子どもを叱ってはいけない時代に入った？

　生徒指導のスタンスに関わって，その象徴的な行為ともいえるのが，教師が子どもを叱るという行為です。ここでは感情的に怒ることだけでなく，冷静に叱ることも含みます。それらは，これまでの生徒指導ではまさに日常的なものだといってよいでしょう。

　しかし，たとえば一般の会社で，上司が部下を大声で怒鳴れば，以前ならそうではなかったかもしれませんが，今ではハラスメントだという解釈がなされるようになってきました。さらには，大きな声ではないとしても，叱ること自体が，一般社会では受け入れ難い時代になってきています。

　実際2019（R元）年5月に，「**労働政策の総合的推進並びに労働者の雇用の安定及び職業生活の充実等に関する法律（労働施策総合推進法）**」が改正され，大企業では2020（R2）年6月から，中小企業では2022（R4）年4月より，職場におけるハラスメント対策の強化が義務づけられることとなりました。いわゆる「パワハラ防止法」というものです。企業と学校は異なりますが，この法改正は教育の場にも，やがて影響を与えるものと思われます。

　社員をマネジメントするための書『最強のモチベーション術』の中で，太田もかつて下記のように叱ることに警鐘を鳴らしています。

> 　私は，『叱る』という言葉そのものを原則として封印したほうがよいと思っている。これからは家庭で幼い子を相手にするときか，職場では，よほどの信頼関係が確認された間柄でない限り，叱れないと覚悟しておいたほうがよい。

　学校では，まだまだ怒鳴ることを含め，叱る行為はごく普通の日常風景です。わが国に限らずアジア諸国では，欧米に比べ教師が大きな声で子どもを叱るこ

とは珍しいことではありません。教室内の子どもの人数が多いため，大きな声を出さなければ全員に聞こえないこともあるでしょうし，当人だけでなく周りの子どもに警鐘を促す意味もあるのでしょうが，いずれにしても叱ることはこれまでの生徒指導では必要不可欠とされてきました。

　筆者（片山）は，これまでアメリカの体罰の歴史や懲戒制度を研究し，「体罰を用いた時代」から「体罰を用いない時代」への変遷を明らかにしてきました。しかしこれからの時代は，「体罰を用いない時代」ではなく，そこからもう一つ先に進み，**子どもを「叱らない時代」に移行するのではないか**と考えるようになりました。もちろん命に関わる緊急な場合は除きますが，今後は教室や学校にいる子どもを一方的に叱ることはできないと考えておいたほうがよいでしょう。

　そもそも体罰を行う教員というのは，「子どもとは信頼関係がつくれているので体罰を行っても子どもは理解してくれる」と思って体罰を用いています。しかし，体罰事案を事後に検証すると，子どものほうからすれば必ずしも教員のことを信頼しているわけではなく，単に「先生だから従っていただけのこと」だということが見えてきます。教員は，自分で思っているよりも，子どもから信頼されていない可能性があります。がっかりするかもしれませんが，子どもが自分を信じてくれていると思うのは，教員の単なる思い込みでしかないかもしれないのです。

　一方的に叱ったり，大声で怒鳴ったりするのも，その構図は体罰と同じです。子どもは教員を信頼しているとは限らないので，怒鳴ったり叱ったりしても効果がないだけでなく，恨みを買う場合すらあります。双方に信頼がないと，一方的な価値の押し付けにしかなりませんし，ハラスメントになる可能性もあります。

　教員と子どもとの関係であろうが，上司と部下との関係であろうが，人が人を信じるということは，そんなにたやすいことではありません。教員と子どもの間でお互いに信じ合えることが理想ですし，信じ合うことを端から諦めているわけではありませんが，人と人が双方共に信じ合うというのは，しかも教室

にいる全ての子どもと信じ合うというのは，かなり難度が高いことです。

　では，叱らないとすれば，一体どうしたらよいのでしょうか。**「叱る」ではなく，言葉で説明し，子どもに気づきを与えることが，これからの主たる指導になる**と考えています。**間違っている理由を冷静に言葉で伝えること，そして子どもに気づきを促すような問いを投げかけること**，これらが生徒指導でなすべきことのような気がしています。子どもをリスペクトし，私情をはさまずに，プロとして淡々と説明し，気づきを促すということです。

　そう言うと，なんだか無味乾燥で，機械的な生徒指導のように受け止められるかもしれませんし，冷たい印象をもたれてしまうかもしれませんが，それは違います。そもそも体罰を行使したり，怒鳴ったりすることによる弊害は，信頼関係を阻害し，安全や安心を保障できないことにありますが，最も大きな弊害は，子どもから考えることを奪う点にあります。時間はかかるかもしれませんが，**子どもが自分で考えなければ，いくら叱っても意味がありません。**

　近年，生徒指導にコーチング的手法が用いられるようになってきていますが，それは理に適ったことだといえます。子どもに問いかけをし，考えさせていくことで，子どもは自ら変わっていくのです。

　子どもが変わると言っても，ここで大事なのは，教師の思いどおりに変わるのではないということです。教師の役割は，子どもが自分で考えて，自分で解を見つけるのを手伝うことです。教師の考えを上から押し付けても，子どもが自分で考えなければ子どもは自立できません。

　一方的に価値を押し付けようとするから，叱らなくてはならなくなるのです。そうやって叱ったとしても，教師の自己満足にしかなりません。一見丁寧な指導に見える説論も，価値の押し付けですから，時間が長くなれば子どもに恨みを増幅させてしまうだけです。

　そのように述べると，もしかしたら教師が信念をもち，哲学を備えて指導を行うことを否定しているように聞こえるかもしれません。しかし，それも違います。むしろ教育者として信念や哲学をもつことは大事なことで，それを子どもに伝えることは他ならぬ教員の仕事であり，存在価値だと考えています。た

だ，それを無理やり子どもに押し付ける必要はないと申し上げているのです。

　それでも，こうした指導では難しいことが生じたら，後述するような法的対応や懲戒処分で解決を探らなくてはならないでしょう。言うまでもなく，そうした姿勢をとることについての説明は，入学前の説明会やホームページ等でも事前に伝えておかなくてはなりません。

3. 法的措置に委ねてはどうか？

　学校では，恐喝や窃盗，暴行，傷害といった法に触れる事案が，時々発生します。稀ではありますが，校内での殺害事件などが起こることもあります。これらの事案については，生徒指導で求められる**インクルージョン**（包摂）**の限界を超えています**ので，**法的措置で対応すべき**だということに異論はないでしょう。

　ところが実際には，本来法的措置で対応すべき事案であっても，教員が生徒指導の一環として関与していることが少なくありません。万引きについて，店舗とやり取りし学校で指導を引き受けているといった例です。

　万引きは，「刑法」第二百三十五条にある窃盗罪であるにもかかわらず，法的措置に任せていない学校が見られるのです。学校内で金品が紛失した場合も同様です。これらのようなやや小さくみえる事案になると（本来，小さなことではありませんが），外部に知られないよう内々で処理する傾向にあるようです。

　『校則なくした中学校　たった一つの校長ルール』を著し，独自の教育方針で学校運営を行った，西郷孝彦校長（執筆当時／2020年3月退職）は，同書の中で次のように言っています。

> 　傷害や窃盗，いじめなどの問題が起こった時，中学校の多くは，内々に処理しようとします。不祥事を公にしたくない気持ちもあるでしょうし，騒ぎが大きくなるのも嫌がります。公表したことで，校長の責任を問われることもあるでしょう。でも，こうした対応では社会を知ることはできません。そしてもちろん，子どもたちの将来のためにも

なりません。だから桜丘中学校では，社会にある法律が学校の中にもあり，決して治外法権ではないことを子どもたちに知ってもらいたいのです。

　わが国の生徒指導がしんどい理由の一つが，**学校や教員が治外法権を行ってしまうこと，すなわち法に触れることを法に委ねずに，教員が指導してしまうことにあります。**過剰な生徒指導に陥っているのです。そのことが，体罰や指導死を生じやすくもしています。

　法に触れる時点で，学校や教員は手を引くべきではないでしょうか。学校や教員がどこまでも面倒をみる生徒指導ではなく，一定のところで切り離して弁護士や警察といった専門家に任せる生徒指導に切り換えていけば，お互いに追い込むことを避けられますし，透明性も高くなりますので，社会に対しても説明がしやすくなります。隠蔽と批判されることも減るでしょう。

　以前であれば，子どもへのハラスメントや人権侵害に対する視線も弱く，治外法権も見過ごされていたかもしれませんが，今からの時代，法に触れることに教員が関与すれば，子どもへのハラスメントや人権侵害だと受け止められかねませんし，過度に子どもを追いつめてしまう可能性もあります。もちろん，本来の仕事から逸れ，授業という教員の最も重要とされる業務が疎かにもなります。

　地域によっていろいろな学校があり，子どもの実態もそれぞれ違います。落ち着いている学校もあれば，現在もなお対教師暴力が頻繁に起き，職を辞そうかどうか追いつめられている教員の多いしんどい学校もあります。ある先生からは，「子どもに暴言を吐かれたり，殴られたりして，警察に被害届を出したいのですが，管理職や教員の誰かが，加害側の子どもを守る発言をすれば職員室の空気は，ぐっとそっちに傾いてしまい，被害届など出す雰囲気ではなくなります。日が経つごとに，暴言や暴力に慣れてしまい，どんどん麻痺してくる自分がそこにはいるのですが，果たして自分はいつまで耐えたらいいんですか」，そんな悲痛な訴えも聞こえてきます。

　もし，教員に対する暴力も含め，法に触れる行為を警察に任せることになれ

ば，学校によってはパトカーや警察が頻繁にやって来る学校もあるでしょうし，そのことに地域住民も驚くかもしれません。

　しかし，隠蔽しようとせずオープンに法的措置をとることによって，学校には治外法権がないことを子どもにも外部にも示せます。また，教員が対応すれば，保護者との価値の相違で余計な摩擦が生じることもありますが，それも防ぐことができます。

　さらには，生徒指導をめぐる過度な精神的負担から教員を解放し，彼らの限られたエネルギーを授業に注いでもらうこともできます。学校に弁護士やパトカーが駆けつける回数は増えるかもしれませんが，それは法に照らして正しい対応であり，発想の転換と覚悟があれば何ら問題のないことです。

　本書でこれまでみてきたアメリカの生徒指導には，治外法権はありません。学校が治外法権をなくし，いじめが深刻化するのを防ぐためにも，法的措置に委ねてはどうでしょうか。4章で述べたように警官の巡回を入れたり，監視カメラを備えたりするのも一つの策として有効です。もちろん学校の実態に応じてですし，全ての学校で導入すべきだと申し上げているわけではありません。

4.　規則は最小限でよい？

　アメリカの研究でも指摘されているように，社会経済的に不利な立場に置かれた子どもは懲戒リスクが高く，ゼロ・トレランス方式のような排他主義的な施策のもとでは，より一層学校からこぼれ落ちてしまいやすくなってしまいます。規則は，必要であればもちろん要りますが，細かな規則は，子どもにとって本当に必要な規則なのか疑問に思います。細かい規則のもとで行う手厚い生徒指導は，子どもの自立につながっているのでしょうか。教員にとって，エネルギーの無駄遣いになっていないでしょうか。

　筆者は，**ダイバーシティ**（多様性）かつ**インクルージョン**（包摂）を生徒指導で**満たそうとするならば，細かな規則はないほうがよいのではないか**と考えています。さらに言えば，これだけ家庭すなわち保護者が多様化し，子どもの個性

が重視され，価値観もバラついていれば，既に細かな規則を要求できる時代ではないようにも思います。規則は，「人を心理的に，身体的に傷つけた場合」等に集約した最小限の規則としたらどうでしょうか。

　かつてアメリカの教師教育でその実力を高く評価されたページ（Page）も，1847年当時ですが，規則というものは多くなればなるほどその規則によって教師が苦しめられることになると言い，過度な規則に警告を発していました。今日では，『教育は何を評価してきたのか』を著した本田も，学校内部の組織運営に関して，「校則，生活指導，部活動などは最小限かつ強制力の弱いものとし，児童生徒間の議論や合意を尊重する」ことを推奨しています。

　それらを踏まえると，大阪市立大空小学校に見るように「自分がされて嫌なことは人にしない」といった最低限の規則にするというのは，一つのやり方として参考に値します。世田谷区立桜丘中学校の規則もまた，最低限の規則だといえるでしょう。単位制高校においては，「法律を守ること」だけを学校の規則にしている学校も既にみられます。

　子どもの個性が重視され，多様な価値が世の中にあふれているわけですから，法律に委ねる学校であれ，最低限の規則は備えておく必要があると考える学校であれ，校長や生徒指導主事には，また生徒指導を行う各教員にも，子どもや保護者に対して「言葉で説明する」力が強く求められる時代に入ってきました。その点，４章で示したアメリカのハンドブックは懲戒等を行う際，「言葉で説明する」ためのガイドラインともなり得ます。ガイドラインをもたず，教員の裁量だけに任せていると，子どもにも保護者にも説明できませんし，教員によって対応が異なるなどして混乱したり，摩擦が生じたりします。

　懲戒を毅然と行うと，現実的な問題として，指導要録はどうするのか，内申書はどうするのか，といった問題が生じるかもしれません。指導要録は記録のためのものですから事実をそのまま記載したらよいですし，内申書の出欠状況についてはこれまでも参考程度の扱いにしかなっておらず，不登校の子どものことも合わせて勘案すれば，その欄が必要であるとは思えませんので，削除してはどうでしょうか。

5. 生徒懲戒制度を整備すべきではないか？

　1章で確認したように，わが国には生徒懲戒制度はあります。ただし，使いづらく，無きに等しい生徒懲戒制度になっていることは1章で示したとおりです。そこで，**ダイバーシティかつインクルージョンの生徒指導を可能にするためにも，再構築**することを議論してみてもよいのではないかと考えています。

　そうすると，もしかしたら穏やかでない印象を受けるかもしれません。誤解のないように申し上げておくと，筆者は子どもにゼロ・トレランス方式のようなやり方をとり，些細な違反行為でも懲戒に処したほうがよいなどと考えているわけでは全くありません。**ダイバーシティかつインクルージョンを可能にし，子どもにとっても教員にとっても，学校を安全・安心な空間として担保するためには，「実際に使用することができて，意味のある生徒懲戒制度を，システムとして整えておくことが大事」**だと考えているのです。使う機会がほとんどない学校も多いでしょうが，それはそれでよいのです。

　わが国のこれまでの生徒指導は，性善説的立場に立ち，まさに温和な児童観のもと教員の善意に依存してきました。しかしその結果，諸々の事件が起きるごとに「子どものため」を合言葉に，年々，生徒指導の領域は広くなり，教員に求められる仕事が過重になってきたのも事実です。

　学校があるいは教員ができることには限界があります。にもかかわらず，「どこまでいっても，教育的指導なるものが求められ，指導できなければ，教師が非難される」，そんな職場環境では，教員は自尊感情が低下し，疲弊が増してもおかしくありません。

　あまりにも多くの仕事や責任が教員や学校に求められるようになり，教職の本来の核となる業務から大きく逸れた仕事まで任されている学校もあります。その上，価値の多様化の中で，子どもにも保護者にも周りの子どもにも指導の理由が説明しにくかったり，反発が招かれやすくなったりもしています。生徒指導が厳しいと言われる学校ほど，教員の疲弊は著しいでしょう。余分なこと

まで指導し，それが裏目に出れば，管理職が教員をかばおうとするなどして，隠蔽も起こりやすくなります。

　懲戒制度が曖昧であるが故に，過剰な指導に至ることを防ぐことが難しいだけでなく，懲戒とセットで行う必要のある教育的プログラムも子どもに適切に提供できません。陰湿ないじめが起こったとしても，受身的かつその場しのぎ的な対応で，加害の子どもには懲戒もなければ，適切なプログラムも課されない，そんな教育環境では子どもは安心して学校に行けませんし，保護者も納得できないでしょう。

　子どもの身も守る，同時に教員の身も守る，つまり両者の安全を守るためには，法的措置を用いることに加えて，生徒懲戒制度も整えておくことは最低限やっておくべきことだと考えます。ダイバーシティかつインクルージョンを実現するには，そのシステムが要るのです。もちろん，懲戒を不必要に用いることはないですし，懲戒を課さなくてもよいように，3章で藤平が取り上げたPBISの発想で，学校環境を整え直すことも忘れてはならないことです。

　さて，アメリカでは近年の傾向として，子どもや教員の学習環境や勤務環境を保障するタスクと不利な立場にある子どもを包摂するタスクの両方を同時に遂行しようとしていることが確認できました。子どもを育てる第一義的責任者は本来保護者であるはずですが，わが国ではそれができない社会経済的に不利な立場に置かれている保護者も少なくありません。このため，懲戒制度を再構築するにあたっては，社会経済的に不利な立場にいる子どもも視野に入れることは大前提です。

　その上で，考えられる生徒懲戒制度とは，他者に敬意を払うというミニマムな基本理念を具現化した規則とそれに対する懲戒を想定し，それ以上の事案は法的措置に委ねるというものです。問題行動を起こす子どもの権利も承認する一方で，被害を受ける子どもや周りにいる子どもの安全や権利も承認し，同時に教員の安全や権利も含めて相互に承認し合えることが生徒懲戒制度のベースです。

　試みの案として147頁のような懲戒制度を考えてみました。まず，**高等学校**

で使われることの多い「学校内謹慎」「自宅謹慎」「自主退学」は，懲戒との区別が紛らわしく，子どもや保護者に誤解を生じさせやすいため使用すべきではないこと，また義務教育段階で使われる「学校教育法」第三十五条に記される秩序措置としての「出席停止」は，懲戒と二本立てになっており，理にかなっていないことや使いづらいこと，実質的に機能していないことから廃止すべきだと考えていることを先に述べておきます。

　試みの案は，小学校から高等学校段階までをカバーしており，現行の法制度を修正していますが，下記のような特徴があります。

> ■学校に登校させる「学内停学」を義務教育段階においても用意する。
> ■懲戒処分には，その子どもに適したカウンセリングとプログラムを付随させる。
> ■高等学校段階で用いる「学外停学」では，社会学習を求める。
> ■懲戒処分を告げる際は，小中高とも保護者同伴を原則とし，子どもの今後を協議する
> 　時間をもつ。

　懲戒処分は，明確な証拠に基づくもののみとした上で，懲戒処分として義務教育段階でも停学の一形態である学内停学の制度は設けるべきだと考えています。ただし，5章で宮古が述べたように，停学には否定的な学校体験となり，不登校につながるリスクもあります。そうした点も踏まえた上で，学内停学期間中は別室でスタッフがついて学習をサポートすることに加え，カウンセリングとプログラムを付随させることを想定しています。ちなみに過去を振り返るための反省文を書かせるようなことはせず，プログラムを通して教員や専門家等，他者の助けを借りながら，本人に気づきをもたらし，あくまでも前を向いて進んでもらうことをねらっています。

　問題を起こす子どもの権利も承認し，被害を受ける子どもや周りの子どもの安全や権利も承認するには，懲戒だけでは不完全です。カウンセリグによって気持ちを整理でき，プログラムによって気づきを得ることができるように，他者とのかかわりを重視した仕組みづくりをすることが支援の視点からも必要で

生徒懲戒制度 試案

懲戒の種類	内　容	留意点
訓告	・校長室にて校長が，口頭での注意を行う。	・保護者・教頭が同席する。（以下も同様）
学内停学	・校長室にて校長が，学校内の別室で課題に取り組むことを課す。 ・カウンセリングを課す。 ・プログラムを課す。	・期間は，1日〜7日程度を標準とする。 ・担任ではない担当教員が対応する。 ・専門スタッフの力を借りる。
学外停学 （高校以上）	・校長室にて校長が，自宅や社会で，自発的に学習することを課す。 ・カウンセリングを課す。 ・プログラムを課す。	・自発的学習として，大学訪問や映画，旅行，ボランティア等，視野を広げたり内面を高めたりする活動を求める。 ・担任ではない担当教員が対応する。 ・専門スタッフも対応する。
退学 （高校以上）	・校長室にて校長が，退学処分を告げる。	・自主退学を促すことはしない。 ・退学処分自体は法的に問題ないので，毅然と行使する。

※いずれの懲戒においても，保護者に連絡をとった上で行い，子どもにとってよりよい方法を保護者と一緒に協議する時間をもつ。
※片山が作成。

す。特別支援の子どもについては専門スタッフとの協議が欠かせませんし，高等学校以上で用いる学外停学には，孤独感や反発心が増すリスクに配慮しながら運用することが求められます。

　ただし，本章で提案している学外停学は，これまでのような謹慎の意味合いが強い停学とは異なります。一度ゆっくりクールダウンしながらも，積極的に社会の見聞を広めることをねらっています。アメリカでは一例ですが，学外停学期間中に，連携している大学を訪れて，大学生が学内を案内するというプログラムがあります。学外停学になった高校生からすると，それまで大学という「見たこともない世界」を実際に自分の目で見たり，年齢の近い大学生と接し

たりすることを通して，じっくりと将来を考える機会になります。単に謹慎さ
せたり，反省させたりしても，効果は期待できません。キャリア教育の観点を
取り入れ，彼らの「世界を広げること」を学外停学ではねらいます。

　その際，問題行動が発達障害など認知の歪みから生じているのであるならば，
それに適したプログラムを用意する必要があるでしょうし，生徒指導を専門的
に学んだ教員が学内停学等に関わることも将来的には必要でしょう。

　いずれにしても，これまでのように問題行動に対して目をつぶって見過ごす
のではなく，あるいは過度に威圧して指導するのでもなく，子どもを一人の人
間として敬^{うやま}いながら，私情を交えずに淡々と対応していくことが，自立を促す
生徒指導につながると考えています。

　教員は，授業を行うことに加え，成績評価や進路指導等も行う立場にありま
す。このため，**必然的に存在そのものが権威を備えると同時に，ハラスメント
を生じやすい存在だといえます。**子どもとの密着が高ければ高いほど，**熱意の
あまりに，あるいは無意識のうちに，ハラスメントをしやすくなります。**そう
したことを考量しても生徒指導では，一定のところから先はできるだけ子ども
を教員から切り離し，専門的知識をもった教員あるいは外部の専門スタッフに
委ね，教員からの圧力を軽減する仕組みにすることが必要でしょう。

　**生徒懲戒制度の着地点をどこに見出すにしろ，その構築に向けては担当ス
タッフの確保等経済的コストが生じます。**そうであったとしても，**優秀な教員
を確保し，学校を持続可能なものとするには，多角的な視点から議論を重ね，
目を背けることなく施策を考えるべき**だと考えています。

6.　いじめにはどう対応すべきか？

　難しいのは，いじめへの対応です。明らかな暴力や脅迫等は「刑法」に触れ
るため，ある程度わかりやすいですし，対応もしやすいのですが，一方で無視
やSNSでの誹謗中傷といったいじめになると，被害を受ける子どもにとって
はダメージが大きいにもかかわらず，特定が難しく，法に触れないことも多い

のでやっかいです。いじめ重大事態事案を調査した第三者調査委員会の報告書を見ても，友だちから無視されるなどして次第に孤立し，不登校に至ったり，死を選んだりしていることがわかります。

　2013（H25）年に「いじめ防止対策推進法」が成立したものの，それ以降もいじめ事案もいじめ自死事案もなくなる気配はありません。教師の気づかないところで起きていることもあり，気づいたときにはかなり深刻な事態になっていることもあります。一度警告を受ければ，多くの子どもは過ちに気づいていじめることをやめますが，逆に警告によっていじめが加速してしまうこともあります。

　では，どのような対策が考えられるでしょうか。一つ目の提案は，**監視カメラ設置**の検討です。アメリカでは，財政状況にもよりますが教室を除く廊下や入り口などに監視カメラがあります。規律問題で子どもが通うオルタナティブスクールには，廊下や入り口に加えて教室にも監視カメラがあります。監視カメラについては，どの範囲までカメラを置くかを含めて慎重な議論と社会の合意が必要ですが，わが国でも導入を検討してみる価値があると思います。車につけるドライブレコーダーや街中にある監視カメラと同じで，普段見る必要はありませんが，何かあったときに巻き戻して検証できるという点が大きな利点です。他にも，例えばくつ箱の近くに設置すればくつ隠しなど，いじめの予防にもなります。こうした理由から，監視カメラについては賛否両論あるでしょうが，設置場所を限定するなどして，導入を検討する価値はあるのではないかと考えます。

　二つ目は**いじめた本人への対応**です。いじめを行う子どもは，そもそも規範意識に乏しいことや家族関係・友人関係等になんらかの不満があることが考えられますが，海外の調査ではいじめを行った者を追跡すると，そのあと犯罪を犯す率が高いこともわかっています。この点からも，いじめを行う子どもを見過ごすのではなく，不適切な行いについて懲戒を行ったり，カウンセリングを受けさせたり，プログラムを課したりすることは，困っている本人のために必要なことだといえます。

三つ目は，**いじめの聞き取りなど，対応に関わる者を担任ではない者にする**という対策です。重大事態となった事案を検証すると，「初期対応にまずさ」があることが共通して指摘できます。つまり，誤って情報を処理したり，子どもが訴えている情報を都合のよいように解釈したりするなどの杜撰な対応が，担任が最初に行う「聞き取りの段階」において目立つのです。

　2020（R2）年に関西地区のある自治体で，生徒指導に関して意見があれば教えてほしいというアンケート調査（記述式）を教員を対象に行いました。すると，「時代とともに学校の常識と保護者の認識がずれてきていじめの指導が難しくなっている」「いじめ防止対策推進法ができても，実際に対応を迫られる学校現場ではいじめの対応はきわめて難しい」といった記述が多く見られ，現場は今なお戸惑っていることがうかがえました。いじめ対応を行うにも，さまざまなことが曖昧なまま，指導を迫られていることがわかり，杜撰な初期対応をしてしまいやすくなることも理解できました。教員は他の生徒指導事案に比べて，いじめの対応にかなり苦労しています。この点を踏まえれば，初期段階から担任ではない担当者，具体的には教頭やカウンセラーなどが，いじめの対応にあたるアメリカのシステムは，参照できる点があるように思います。大津市ではすでに2013年度より，生徒指導主事等とは別にいじめ対策担当教員を子ども支援コーディネーターという形で各学校に配置しています。担任をもたず，いじめの訴えに対応したり，いじめ対策会議を主導したりするそうです。いじめにまつわる聞き取りの業務や指導を担任からニュートラルな立場の者に，なおかつ専門的知識をもった者に移行させることは，冷静にまた客観的に対応できる意味でも，さらには担任の仕事を軽減する意味でも有益だと思われます。

　四つ目に，**いじめの申し出に関する工夫**です。ウエストバージニア州シャーロット市では，4章でも触れたように，いじめを受けた子どもは，直接あるいは文書やメールで自分から，誰にどんないじめを受けたのかを申し出るシステムを採用しています。いじめを受けたことを申し出るための用紙は学校にも用意されていますし，学校の公式ホームページ上からも書き込むことができます。用紙に記入するにあたっては，保護者と相談しながら書いてもかまいません。

いじめの被害を自ら報告し，「嫌なことは嫌だ」「私は困っている」と，自分で表明させていくことは，子どもの自立にもつながります。もちろん，学校に直接報告させるからには，報告を受けた後で杜撰な対応をするなどは決して許されません。

7. 不登校にはどう対応すべきか？

不登校は，問題行動ではないということが文部科学省の通知でも示されています。学校生活で型どおりに行動することに違和感を感じる子どもが増え，それが特定の子どもや一部の子どもだけでなく，ごく一般に見られるようになってきたということです。

不登校に取り組む学校でインタビューをしても，「学校を移るなどして，何割かは学校に行くことができるようになる子どもも見られるが，期待するほど多くはない」という回答が多く，そのことはやはり学校復帰とは異なる方策を考えなければならないということを裏付けてもいます。**不登校についてもやはり考え方の基本は，ダイバーシティかつインクルージョンの実現です**。

既にオンライン授業を公に認める自治体もありますが，方策の一つとしてオンラインでの履修を認める，いわゆる**オンライン学校（仮名）**も選択肢になり得ます。いじめや友人関係が原因で不登校に陥っているものの，近くには転校できる学校がない地域など，オンライン学校であれば，設備投資はある程度抑さえることができますので，実現しやすいといえます。

オンライン学校では，直接顔を見合って，他者と人間関係を構築することは少ないかもしれませんが，全く他者と交流しない状態に比すれば，共感しあったり刺激を受けあったりすることは一定程度可能です。どんな形であれ，他者と関わり，刺激を得ることは子どもの自立に向けて必要なことであり，オンライン学校はベストではないかもしれませんが，ベターな方策だといえます。

オンライン学校という空間に通う段階を経て，子どもが希望すれば，例えば京都市立洛風中（公立）や東京シューレ葛飾中（私立）のような不登校特例校，

あるいは NPO 法人等が運営するフリースクールのような空間へと移行していってもよいわけです。不登校を選んだ子どもも一時的にエネルギーが枯渇しているだけかもしれませんし、人と関わりたくないわけでもないと思います。そもそも学校を自由に選択できるシステムにはなっていませんから、環境が合わないだけかもしれません。オルタナティブな学校が増えれば、不登校は一定程度消えてなくなる問題のような気もします。

いずれにしても、不登校の状況や教育委員会の財政状況、公共交通機関を用いて通学できる範囲など、それぞれ地域によって状況が異なるわけで、それらを踏まえた上で多様な学びの場を用意することは大人の責務ともいえます。

不登校では、事後対応について懸念されることもあります。事前に不登校について教員が理解し、教室環境等を整えることは大事なことですし、アメリカでも家庭への電話連絡は頻繁に行っている様子が確認されます。

それでも一定期間子どもが学校に来なくなってしまったら、**保護者等と連絡を取り合った上で、学校や教員がその対応を行うことから手を引き、5 章で宮古が紹介した SARB のような別の機関が対応するやり方を検討してもよいと**考えます。

担任する子どもが不登校になったら、周囲の教員も含めて「担任が家庭訪問を行うものだ」と思い込み、熱心に家を訪ねる傾向にありますが、子どものほうは「先生がうちにきてピンポンするのはこわい。会いたくないから学校に行かないんです。それなのに、家まで追いかけて来られたら本当に怖い」と感じているからです。

これもまた体罰や叱ることと同じように、教員が思っているほど、子どものほうは教員を慕っても、信頼してもいない可能性があります。「生徒指導は子どものことをよくわかっている担任が行うのがよい」というのは、幻想かもしれません。

そのほか、家出や虐待や事件に巻き込まれている可能性のある「危険な欠席」も考えられますが、本人の安否確認等を含めて学校や教員では限界があります。これらを考え合わせればやはり重大な事態に至ることを避けるためにも、

一定の時期からは，学校や教員から警察や他の福祉機関に引き継ぎ，対応を任せることのほうが賢明ではないでしょうか。

学校を息苦しいと感じるのが一時的なこともありますから，学校にはしばらくの間クールダウンしたり，充電したりできる空間も必要でしょう。

スウェーデンの学校では，特別支援の先生の部屋で，一人でクールダウンしている子どもの姿を見かけました。またモンテッソーリの学校では，ニッチェと呼ばれる誰にも邪魔されずに一人で学べる場が用意されていますが，スウェーデンの就学前教育の場でもそうした空間が設けられていました。近年注目されているオランダのオルタナティブ教育の一つ，イエナプランでも「個」を意識した環境設計がなされています。わが国でも教室や廊下に衝立てを置くだけで，空間を変えることができます。画一的な空間設計を見直してみるのも一つの方策です。

一斉授業に馴染めないからといって，学びの場から子どもを締め出すことなく，**「個」の時間や空間を確保しながら，学びに巻き込んでいくことは大事な**ことです。ダイバーシティかつインクルージョンを実現するために，学校内にフリースクールのような空間を用意するのも一つの策ですし，そのほかにも柔軟にいろいろなオルタナティブ教育ができる体制を模索することが，教育委員会や学校には今後一層求められるでしょう。

8. 生徒指導の指標化

生徒指導とは，子どもが自立していくことを支える教育活動であり，生徒指導による子どもの成長は「もの」や「製品」のように評価するものではないため，そもそも指標化すること自体が難しいことだといえます。アメリカでは6章で述べたように，卒業率や停学率等を示すダッシュボードなるものを採用し始めていますが，宮古が述べるように，これらの指標を直接にわが国で用いることは，諸事情が異なることもあってできません。

とはいえ，アメリカに見るダッシュボードは，生徒指導のパフォーマンスを

可視化しようとしている点で，わが国にもヒントがあるように思います。盲目的に生徒指導を進めるのではなく，可視化して課題を把握できる点，また可視化された情報に基づいて予算を配分するなどして厳しい学校に資金を集中して配分することができるといった点や教育行政による学校への支援がピンポイントで行われやすい点など，可視化されることによって施策を打ち立てやすくなるからです。

今後，GIGA スクール構想（子どもに個別最適化された教育 ICT の実現化）の展開により，子どもの学習への取組状況や成績といった多様で膨大なビッグデータを継続的に集約することができれば，その情報に基づき，個々の子どもや各学校のパフォーマンスを可視化する可能性も開かれてくるでしょう。米国の学校アカウンタビリティの延長としてのダッシュボードの成立と文脈は異なるものの，日本の GIGA スクール構想と米国のダッシュボードにはビッグデータによってパフォーマンスの可視化が促される点で，通底するところがあります。

どのような形をとれば，学校を序列化するようなものではなく，真に厳しい学校に効果的な支援が及ぶようなものになるのか，今後検討を重ねていく必要があるでしょう。

ところで，ダッシュボードとは異なりますが，現場で直接指導にあたる管理職や教員にとって，日々の子どもの状態を振り返るためには，何らかの指標があったほうがよいと考え，筆者はこれまで拙著において学校の規律をフェーズで示すことを試みてきました。

今回は，近年に見る学校の変化に合わせて，『三訂版 入門生徒指導』で示したものを次頁の表に見るように改編しています。一定の期間で改編し続けており，そのことからもわかるように，社会の変化に応じて良い規律の状態というものは刻々と変わっています。時代に応じて指標自体を見直していくことが大事です。表「学校規律のフェーズ」では一律的に示していますが，実際にはこれを学校ごとにあるいは自治体ごとにカスタマイズし，実態に合わせながら毎年少しずつ見直していくのがよいでしょう。

学校規律のフェーズ

規律のフェーズ	学校の状態	子どもの状態	教員の状態
フェーズ0	学校に活気があり，安全で安定した学校	・授業や諸活動に積極的に目標をもって参加しており，自己効力感に満ちている。 ・自分が何を期待されているのかわかっており，問題が生じると自分たちで考え，主体的に解決しようとする。	・管理職や生徒指導部のリーダーシップのもと，多様な考えを持つ教員も認め，教員間のフォロワーシップが自然に発揮されている。 ・教員は学校に誇りを持ち，生き生きとしている。
フェーズ1	安全で安定した学校	・授業や諸活動に参加している。 ・自分が期待されていることを行う準備がある。ただ，子どもが主体的になっているとまではいえない。	・やや形骸化した側面がないこともないが，おおよそ管理職や生徒指導部のリーダーシップがとれている。 ・多様な考えを持つ教員も認め，教員によるフォロワーシップも発揮されている。
フェーズ2	荒れの兆候が見られる学校	・諸活動が教師の指示によっていることが多く，子どもが主体になっていない。 ・他者をバカにした言動やいじめがやや表面化してくる。 ・自分への期待が自覚できにくい。	・管理職及び生徒指導部のリーダーシップがやや弱く，方向性も見えにくいため，フォロワーシップへの意識も生まれにくい。 ・生徒指導に関しては，やや力で抑えようという意識が強い。 ・教員は，さほど危機感を感じていない。
フェーズ3	荒れている学校	・いじめが目に見える。 ・授業中の私語が充満し，授業は成立しにくい。 ・不満な気持ちがくすぶっている。	・管理職及び生徒指導部のリーダーシップがなく，教員間のフォロワーシップも弱い。 ・教員間の関係性が弱い。 ・教員に覇気がない。
フェーズ4	崩壊した学校	・いじめや暴力行為が常態化している。 ・授業が成立しない。 ・不満な気持ちに満ち溢れている。	・管理職及び生徒指導部のリーダーシップはなく，教員間の批判や悪口が著しい。 ・教員間のリレーションがない。 ・教員は疲れている。 ・教員の退職や異動の希望，及び精神性疾患による休職が続出する。

出典：片山紀子『三訂版 入門生徒指導』学事出版，2018年 p.40を改編。

9. 結語

本章の提案には，「そんなの日本では無理だ」，あるいは「費用がかかりすぎる」など，否定的に受け取る方がいらっしゃるかもしれません。しかし，そう考えるだけでは，わが国の生徒指導は少しも変わらないように思います。三楽病院精神神経科部長の真金は，精神疾患で受診する教員を診ながら，「生徒指導の難しさは20年前（本文をもとに筆者加筆）よりもさらに増しているのではと感じます」と述べ，背景にいじめの対応や発達障害・外国籍の子どもの増加，そして保護者対応の難しさがあることを指摘しています。

これだけ子どもの姿や保護者の価値観が変化しているわけですから，旧態依然としたままではいられません。やる前から，諦めるのではなく，子どもと教員の両方を視野に入れながら，**ダイバーシティかつインクルージョンを実現するための施策をいろいろやってみたらよい**のです。やってみて，あれこれ問題が出てきたら，もう一度考えたらよいのではないでしょうか。

子どもが不当に我慢を強いられる学校ではなくなるように，子どもにとって自立が目指せる学校になるように，教員になりたい人が諦めることなく教員を目指せるように，優秀な若者が教員を目指すことを断念しないように，そのために生徒指導はどう変えたらよいのかをみんなで考え，やってみたらよいと考えています。

（7章担当　片山紀子）

引用・参考文献
・内田良『学校ハラスメント』朝日新聞出版，2019年。
・太田肇『最強のモチベーション術』日本実業出版社，2016年。
・岡本茂樹『反省させると犯罪者になります』新潮社，2013年。
・折出健二『対話的生き方を育てる教育の弁証法──働きかけるものが働きかけられる』創風社，2018年。
・片山紀子・原田かおる『知ってるつもりのコーチング』学事出版，2017年。
・片山紀子・若松俊介『深い学びを支える学級はコーチングでつくる』ミネルヴァ書房，

2017年。
・木村素子『みんなの学校が教えてくれたこと：学び合いと育ち合いを見届けた3290日』小学館，2015年。
・多賀幹子『いじめ克服法―アメリカとイギリスのとりくみ』青木書店，1997年。
・保坂亨『学校を長期欠席する子どもたち』明石書店，2019年。
・本田由紀『教育は何を評価してきたのか』岩波書店，2020年。
・真金薫子『月曜日がつらい先生たちへ』時事通信社，2018年。
・宮口幸治『ケーキの切れない非行少年たち』新潮社，2019年。
・森田洋司総監修・監訳『世界のいじめ―各国の現場と取り組み』金子書房，1998年。
・諸富祥彦『教師の資質』朝日新聞出版，2019年。
・八尾坂修・片山紀子・原田かおる『教師のためのコーチング術』ぎょうせい，2016年。
・リヒテルズ直子『オランダの個別教育はなぜ成功したのか―イエナプラン教育に学ぶ』平凡社，2006年。
・Page, David Perkins, *Theory and Practice of Teaching of the Motives and Methods of Good School-Keeping*, New York, 1847，（Arno Press, Reprint Edition,1969）pp.186-261.

おわりに

　本書を執筆したきっかけは，今の生徒指導に危機感を感じ，新たな枠組みの必要性を感じたからです。これまで当たり前だとされ，進められてきた生徒指導では対応が難しい，あるいは有効だと感じられない場面に直面することが増えてきました。われわれがイメージしてきた学校あるいは生徒指導の前提となっていたものが変わってきたのです。違うステージに入っているのです。

　既に，「障害者差別解消法」や「普通教育機会確保法」が成立し，「児童虐待の防止等に関する法律」も改正されました。不登校の捉えも変わりました。外国にルーツをもつ子どももたくさんいます。われわれは以前とは異なる前提の上に立たねばならなくなったのです。

　多様な子どもを受け入れる時代になったことを真摯に受け止めれば，その子どもたちを受け入れるための仕組みも変えなくてはならないでしょう。そうなれば当然，生徒指導のあり方や方法も再構築する必要があるでしょう。

　わが国の子どもたちにとって，また教育実践に直接携わる教員にとって，よりよい生徒指導を目指すには，どう枠組みを変えたらよいのでしょうか。

　教員のもつエネルギーは限られています。仕事が増える一方の生徒指導でよいのか，教員はもっているエネルギーを何に最も使うべきなのか，改めて問い直す必要があります。

　これらについて，本書を材料に，批判も含めて，さまざまなところで議論していただけたら嬉しいですし，本書が何かしらそのヒントになったとしたら，執筆した藤平・宮古・片山にとっても，四苦八苦した甲斐があったということになります。

2021年春　片山紀子

片山紀子 （かたやま・のりこ）　　　　　　　　　　1章・4章・7章

奈良女子大学大学院 人間文化研究科 比較文化学専攻 博士後期課程修了 博士（文学）。現在，京都教育大学大学院教授。主に体罰事案やいじめ事案について検証委員等を務めるとともに，全国各地で教員研修を担当している。一方，アメリカの生徒指導については，体罰や生徒懲戒，規律等をテーマとして，ニューヨーク州やペンシルベニア州，ノースカロライナ州，アラバマ州等でフィールドワークを積み重ねている。
著書に『三訂版 入門生徒指導—「生徒指導提要」から「いじめ防止対策推進法」まで』（学事出版・単著），『アメリカ合衆国における学校体罰の研究—懲戒制度と規律に関する歴史的・実証的検証—』（風間書房・単著）などがある。

藤平 敦 （ふじひら・あつし）　　　　　　　　　　2章・3章

20年間の高校教諭と12年間の文部科学省国立教育政策研究所総括研究官を経て，平成31年4月より日本大学文理学部教授。修士（教育学）。日本の生徒指導の指針を示している『生徒指導提要』（文部科学省）の作成コアメンバーおよび編集・執筆者。米国カリフォルニア州の初等中等教育の学校等をフィールドにして，米国の教育政策や学校経営等に関する調査研究を定期的に行っている。また，学校心理士として，米国での研修や調査研究にも携わった。主な論文・著書に「初等中等教育現場に配置されている心理専門家の役割，養成課程等の日米比較における考察」『国立教育政策研究所紀要第138集』，「アメリカの生徒指導」『世界の学校と教職員の働き方』（学事出版）などがある。

宮古紀宏 （みやこ・のりひろ）　　　　　　　　　　5章・6章

早稲田大学大学院 教育学研究科 教育基礎学専攻 博士後期課程単位取得退学 修士（教育学）。現在，国立教育政策研究所生徒指導・進路指導研究センター総括研究官。日米の生徒指導に関する制度・政策について研究を行っている。米国についてはカリフォルニア州のオルタナティブ学校や学校アカウンタビリティ制度等について，日本については生徒指導と学校指導体制に関する調査研究に携わっている。
主要論文に「カリフォルニア州の学校アカウンタビリティ制度の新たな展開—『学校ダッシュボード』に焦点を当てて—」『アメリカ教育研究』第29号，「カリフォルニア州のオルタナティブ学校評価制度に関する一考察—ASAMの課題と展望—」『アメリカ教育学会紀要』第27号などがある。

日米比較を通して考えるこれからの生徒指導
なぜ日本の教師は生徒指導で疲弊してしまうのか

2021年3月12日　初版第1刷発行

著　　　者	片山紀子・藤平敦・宮古紀宏
発　行　人	花岡萬之
発　行　所	学事出版株式会社
	〒101-0021　東京都千代田区外神田2-2-3
	電話　03-3255-5471
	http://www.gakuji.co.jp
編　集　担　当	町田春菜
組版・印刷・製本	精文堂印刷株式会社